阅读成就梦想……

Read to Achieve

KIRKPATRICK'S INVESTMENT
AND TRADING STRATEGIES
TOOIS AND TECHNIQUES FOR PROFITABLE
TREND FOLLOWING

柯氏股票投资心经
盈利趋势跟踪技巧与工具

［美］小查尔斯·D·柯克帕特里克（Charles D. Kirkpatrick II）◎著

刘乃达◎译

中国人民大学出版社
·北京·

前　言

　　我经常思考自己人生中所面临的两个巨大的挑战：其中一个来自大海，另一个来自资本市场。它们之间有着极其相似的特性。我敬畏它们，因为只有穷尽自己的人生智慧才能够在它们的威慑下生存。大海时而很美，时而却又能置人于死地；资本市场也是一样，时而平静安谧，时而狂风骤雨。此外，还有一个相同之处就是，它们从来不偏向任何人，并都有着人们无法驾驭的力量。我们赋予过它们"大自然母亲"或"市场先生"这样的拟人身份，但是它们只是以客观物理形式存在着，并中立地对待每一个人。

　　我们的难题是，在面对它们时，我们不得不去适应它们变幻莫测的性格，以便于在繁荣的市场环境中盈利，在宁静的大海中安全航行。最重要的是，我们一直试图理解它们何时将有利于我们，却永远无法掌控整个市场或大海的全局。因此，我们尝试探究它们何时能够为己所用，也就是何时应该出手投资，何时应该观望；何时应该航行，何时应该休整。

由于市场和大海变幻莫测，每个人都可能因错误的分析和判断而出现马失前蹄的情况。你会在面对它时产生激动、喜悦、恐惧、贪婪或是成就感等情绪，但这一切都是由于个人情感因素造成的，而公正的市场和大海却不相信眼泪。因此，人们总是很容易在无情的世界中犯下情感错误。为了能够抓住市场为我们提供的良辰美景，我们必须客观地面对它。我们应该以审慎的眼光看待我们的决策，而不是去责怪无情的市场。我们必须要使用那些毫不掺杂任何感情因素的交易策略来面对资本市场。

目 录
CONTENTS

KIRKPATRICK'S INVESTMENT AND TRADING STRATEGIES

Tools and Techniques for Profitable Trend Following

|引言|

我的股票交易心得

本书概述了我个人最喜欢用的投资与股票交易策略。这些概念本身并不算创新，但是通过与某些交易策略相结合使用，它们便为选股研究打造了一套坚实的理论基础。我在所有的优化中都使用"前行优化方法"（walk-forward method of optimizing），因为对我来说，它是最实用的测试、分析一套程序化交易系统的方法。在接下来的章节中，我会通过交易系统的特点，对这些概念进行深入探讨。我相信自己所讲述的知识，是那些未受到正规培训、个人时间不宽裕、财务紧张的外行人士能够在与金融巨鳄的斗争中存活下去的唯一方法。

自主操作、程序化交易或投资

自主投资是指所有交易决策均由投资者亲自做出。在这种情况下，交易的成功率并不高，而且还要基于交易员自身的知识、专业性、迅速决策能力、情感控制能力、偏好以及状态来进行。大多数人在投资中之所以亏钱是由于他们依据的是传言、建议、直觉、不准确的信息、错误的判断以及其他影响投资决策的因素。世上的确存在着很多成功的自主投资人，例如沃伦·巴菲特、乔治·索罗斯、保罗·都铎·琼斯和布恩·皮肯斯，但是你我都不是这个等级的投资人。我们需要外界的帮助和交易纪律才能对交易做出决策。这些亿万富翁有足够的时间和天赋，但是大多数投资人却不具备同样的条件，这也是他们因经常亏损而被洗出市场外的原因。而那些所谓的职业投资者的表现也好不到哪里去，我们从一些养老基金和共同基金的表现中就能看出，这是一种无处不在通病。在自身不具备极高交易天赋的情况下，我们应该探索一下如何才能在证券市场中存活。

其实答案一直就在我们身边。近些年来，人们已发现了比较容易实践的方式。我十分同意罗伯特·帕多（Robert Pardo）的观点。他认为市场在过去的 20 年中出现了两件对门外汉有利的事情：一件是金融衍生品的繁荣发展；另外一件则是廉价高速计算机的普及。金融衍生品近期为普通投资者在高流动性的市场中提供了大量的对冲和投机的机会，而本书中所介绍的数据检验方法在 20 年前也不可能为我们所用。如今，我们已经拥有了通过快速计算以检验投资理论的能力。除了这两件事情之外，还要加上第三件事，那就是我们具备了高效、廉价、快速执行买卖委托单的能力。电子交易彻底改变了投资环境，投资经理指示股票经纪人执行委托单的年代已经消失在了历史的长河中。

市场本质的改变和更加快速的辅助设施使得统计学上达到盈利目的的机械投资系统变得更接地气。这些交易系统被称之为"程序化系统"（algorithmic systems），因为它们不再受交易者主观意愿所支配，而只是在市场中自动执行开发者所设计出的盈利交易模式而已。程序化交易策略无需具备投资者应有的知识和专业技能，它们能够在市场中通过克服人类本性的缺陷，从而达到盈利目的。

然而，程序化交易需要一系列严格的规则来制约。有时当投资者在测试和优化一套系统时，他依然会为程序给出的结果感到受挫、厌烦或情绪低落。他甚至会放弃一套成功盈利的系统，并因此丧失从交易系统中所取得的交易优势。这是人的本性，但是本性却与交易市场相悖。因此，尽管程序化系统可以通过多种方式进行研发、优化和测试，但是使用者依然可能因一时冲动而放弃它们。因此，成功的程序化系统不仅要求投资者或交易员愿意付出时间和精力来研发、测试它们，还需要使用者遵守一定的纪律、具备耐心和毅力，不轻易放弃它们。

本书阐述并解释了用于投资和交易的程序化系统。它还讲述了个股入场、出场时机的特定使用规则。我们可以通过优化过的统计方式在市场中取得一定的交易优势，从而增大成功几率。世上没有从不亏损的完美交易系统，当然我们要把这些局限性考虑在内，并通过学习以改进他们。本书最后所介绍的程序化交易方式，是已经通过回测确认盈利的。你应该检查自己的交易系统是否能拥有与书中介绍的交易系统一样的表现。如果答案是肯定的话，那么你也拥有大师级别的交易水准，并且可以忽略本书的存在。

为什么要选择本书

我写这本书是因为我自己曾由于投资知识的匮乏而遭受过不必要的损失。我曾在华尔街作战 47 年，在高校教过技术分析，并且斩获过诸多荣誉。我在本书中详细地介绍了自己在整个职业生涯的学习中所发现的盈利投资和股票交易策略。

人们总是问以下我关于股市的问题：

- 我刚在股市中亏了很多钱。我是否应该退出股市，以后只买共同基金、ETF 或者政府债券？
- 我应该怎样做？
- 我该如何在选股时与职业从业者竞争？
- 我怎么才能知道何时买股票？

本书为投资者们详细地检测了股票选择系统，并为交易员们测试了一些技术指标。在此之前，我们的确应该为创建这些系统多花费些心思，但是一旦交易系统成功建立，那么我们每周在它们身上所付出的时间将不超过 1 个小时。也许我们要为此订购数据或图表服务，不过如今网上会提供许多免费的资源。此外，我在书中还介绍了几个以小时为单位的价格数据为参考的短线交易系统。这些交易系统要求更多的工作量、更多的信息量、更多的时间、更好的执行能力以及能够做空。

本书面向具备一定资本市场技术方面知识的各界人士，并十分易于理解。它并不仅仅是教你怎么去做，还用统计数据给出了最佳技术指标组合，这些测试的结果全面展示了你应该怎样成功地应用它们。

有时候，股市对于散户和职业从业者来说，都会变得更加艰难。投资者因在股市中的亏损而对"方法"或"交易系统"失去了信任。此外，他们也对介绍投资方法的新书产生了质疑，会怀疑作者所介绍的方法只是为了卖书或提供建议，而实际上从未被市场证实过盈利。本书的独特之处就如同我前几本出版的图书一样，它所描述的方法都是经过实际检验的。很少有书籍能做到这一点，少数能够做到这一点的书籍却普遍存在着技术缺陷。我之所以要对这些方法进行测试是因为我希望读者能够彻底理解它们。本书不是对那些蹩脚的传统投资分析进行论述，而是阐述了投资和交易是如何通过运用统计系统在股市中取得成功的。

我经常使用"系统"这个术语。作为一条术语，它也许在其他领域中有着负面含义，但是对于投资和交易而言，系统代表着一系列做出买入、卖出决定的规则，并通过回测确认过其盈利性和稳定性。通常来讲，这些系统大多数是技术性的，以价格和走势形态为依据。也有很多成功的系统使用基本面、经济数据，或者结合基本面和技术共同使用。比如威廉·奥尼尔的 CANSLIM 投资法则就是与股票排档价值线方法（value line method of ranking stocks）相结合。然而，当一个交易系统是纯技术性的时候，可能会导致人们对技术分析失去信任。

当我还在投行做销售时，曾看到过很多不信任技术分析的机构投资经理。正因如此，即使我在实际应用中证明过，即使在他们自己手中的投资组合或投资清单中依然有效，他们依然很怀疑我向他们所销售的"相对强弱交易方式"（relative strength method）。也许受到同僚或者商学院中所学课程的影响，投资经理们普遍抵制技术分析。从那时起，我就决定在商学院专注于教授技术分析，以让学生们不再对技术分析有所误解和偏见。本书中所涉及的几个技术分析，都是我在实践中发现并正确使用后能够取得良好效果的。我详细地介绍了它们，并且阐述了应用细节。此外，我还测试了它们在选股、弃股方面的有效性。

投资是一项生意

人们总是认为投资只是先选择正确的投资标的，然后在它们价格上涨后卖掉。然而，投资的本质却是一项生意。它就像经营一家商店一样，低价进货高价卖出。同时还要运用库存管理中的优胜劣汰规则，将卖得不好的产品下架处理。不幸的是，投资管理者很少以这种视角看待投资。比如说，投资组合经理和投资者们对平掉处于亏损的仓位通常表现得过于谨慎。对于这种心理恐惧式的失败，业内已经有诸多文献和学术论文专门进行了讨论。但是商店经理会因销路不佳的商品进行自我批评吗？也许能够做到这一点的只是少数人。成功的经理会在尽可能保本的情况下，把这些货物清仓甩卖，并增加热卖商品的进货力度。换句话说，即使是在商店经理自尊心受挫的情况下，商品销售也可能丝毫不会受到影响。

另一方面，自尊心会驱使你去搭建合理的配置，而不是通过随意的主观臆断做出决定。资本市场和商品市场一样，它们从来不在乎任何人的心情。市场是中立、公正，也不以主观意志为转移的，人们喜欢用"残酷"一词将其拟人化。市场中的利润与零售业一样，主观意志必须屈服于现实。而现实又是投资组合经理或商品经理无法做出完美的决定，因为决策中会涉及太多无法精确、相关性低或者经常变化的参数。这需要决策制定者的经验、知识和纪律做支撑。尤其在交易行业，错误判断出现的频率简直是家常便饭，决策者必须在第一时间对其进行修正。当初始判断出现错误时，比率法则（50%的亏损需要用100%的盈利来弥补）和优柔寡断的投资经理之间便出现了不可调和的矛盾。

投资策略

投资管理包含 3 项基本策略：其中 2 项关乎交易行为管理——买入策略和卖出策略。第 3 项策略——如何管理投资组合的风险，也就是所谓的资金管理（Money Management）则不在本书的讨论范围内。每一笔投资，都按照选股、买股，然后再于某个特定时间卖出的方式进行。在这个投资过程中，我们必须要考虑风险管理。我们在买股时实施"入场策略"；卖股时实施"离场策略"，也可以叫做风险管理；第三部分我们称之为"资金管理"或"组合管理"。交易系统想取得成功，以上三种因素缺一不可。不幸的是，大多数投资组合经理和投资者只关注入场，却忽视掉离场和资金管理的重要性。大多数投资者或职业投资经理正是因此而亏钱的，因此，后两者的重要性要远高于入场时机的选择。

> 投资管理包含 3 项基本策略：其中 2 项关乎交易行为管理——买入策略和卖出策略；第 3 项策略——如何管理投资组合的风险，也就是所谓的资金管理。

在学校教学生技术分析时，我要求学生们在不考虑企业盈利情况、管理水平以及所在行业的情况下随机选择一只股票，只通过丢硬币的方式对其进行投资操作。他们使用股票过去 6 个月中的历史价格做模拟，并依此标记下每一次自己的成交记录。如果硬币正面朝上，那么这就是做多信号。如果硬币背面朝上，那么就做空股票。以上就是入场策略的全部内容。

学生们在每一笔交易中都动用同样的资金量，这样一来，他们的统计结果便不会因某笔交易的仓位而出现严重偏差。当股票从盈利最高位置回落 5% 后，他们便平仓离场。也就是说，如果学生以 100 美元买入一只股票，那么他们要么以 95 美元（亏损）卖出，要么在盈利最多的价位出现 5% 价格回落的情况下离场。例如，当股价先涨到了 130 美元，随后回落 5% 至 123.50 美元，那么学生们便以 23.5% 的盈利平掉手中的仓位。做空的情况也是一样，在价格上涨回调 5% 后平仓。以上就是离场策略的全部内容。平仓后，他们会再次重复这个随机选股，然后通过掷硬币做决策的投资计划。

当然，这只是一个极其简单的交易系统而已。这个系统适合于更高波动的股票，沉闷的股票无法提供更多交易机会，也就无法取得更高的利润空间。实验的结果表明，在风险得到控制的前提下，我们希望交易波动率更高的股票。到最后所有学生都赚钱了吗？虽然答案是否定的，但是大部分学生却都是赚钱的。如果把全体学生的操作当作投资组合的话，这套系统是稳定盈利的。我们从中学到的是：做多或做空在投资中并不是最重要的因素——我们只通过扔硬币做出决策而已。平仓时机和风险控制才是交易中最重要的部分，明确的离场策略是不可或缺的。

入场策略

基本面分析和技术面分析都会衍生出很多优秀的入场策略。近期有很多新书描述了如何运用各类公司基本面统计数据来制定自己的入场策略，并给出了投资数据做证据支持。任何想学习选股技巧的人都可以找到相关的研究的书籍。

我在我所写的书籍《击败市场》（*Beat the Market*）一书中阐述了当时自己手中最好的选股方法以及买卖时机。这套系统也称为"相对强弱"（relative strength），它包含了所有美股中近期走势最好的股票。我也专门用两台显示器来观测公司的基本面信息，例如，相对收益增长率 (relative earnings growth) 和相对市销率（relative price-to-sales）。在 2006 年的研究中，我们采纳的数据一直测试到了 1998 年。我们只是对过去 9 年中所使用的交易系统进行了评估，而不是通过优化寻找最佳参数。我只关注 20 世纪 70 年代以来我们在交易中所获得的参数。

直到近些年，分析师们为了证明系统的盈利模式可行，会先建立一套假说，然后对其进行历史数据测试，并记录每日交易成绩。经过一段时期的检验后，他们就能够看出这套交易系统是否真的具备盈利性。这个过程与验证科学假说真伪的流程十分相似。想当年我只使用周数据手动作分析，通常要花上很久甚至数年时间才能验证出一个假说结论。可是我年岁已高，不能再继续使用这种办法了。如今电脑技术得到了迅猛发展，我们很容易就能拿到价格数据，而且新的测试方法层出不穷。我的学生们在研究交易系统时，也再也不必为了验证结果而等上数年了。

我做回测主要用"前行优化方法"（Walk-forward Optimizing）。它会对一段时期内的历史价格数据进行优化，为每段时期找到该系统的最佳交易参数，然后再用未知数据对其进行测试。它不断地重复着先前同样的计算方法，并等待结果。一旦系统建立成功，那么它便包含着市场不同时期下的大量优化数据。它通过运行一系列不同数据来确保运行结果不会因测试数据而过度曲线拟合。此外，由于运行数据量之大，测试足以涵盖现实中的各类突发事件。如果事实证明系统的稳定性不强，那么这次失败的实验也依然对我们有用，因为它为我们在该探索方向上节约了未来的时间。一旦优化显示某套交易系统的盈利性稳定，那么它在未来也盈利的可能性就会非常大。当然我们无法确保系统在未来必然盈利，但是通过样本外测试，盈利的可能性得到了显著提高。

从以往的历史数据、参考文献以及实盘观察中得知，"相对强弱"交易方式的确有着较高的有效性。但是在我交易生涯的初期，我并不清楚哪些具体参数可以使交易成绩达到最佳。在具备运行长期回测数据的能力之前，模型参数的由来相对比较主观。比如说罗伯特·利维（Robert Levy）在 20 世纪 60 年代末期，用自己的方法证实计算相对强弱的周期应该取 26 周为宜。他尝试了从 4 周到 52 周的周期，发现以 26 周为周期的效果最佳。此外以 4 周为周期的模型却给出了相反的表现。因此，我在原始模型中也以 26 周为周期，并且一用就是 30 年。

你会在本书后面章节中看到，其实我在实际回测中总结出的最佳周期，与之前的主观假说结论高度相符。我不只测试了测试周期，此外还测试了买入档、卖出档，符合交易要求的最低成交量和价格，以及止损百分比。我假设大多数投资者和投资组合经理都用"相对强弱"的方式选择股票，而且他们只按照长期投资策略建仓。本书中所涉及的投资部分主要也是强调长线持仓。本书从第 5 章"股票交易策略"开始涉及如何做空。

我早期利用历史数据尝试过各种选股方法："相对收入增长"（relative

earning growth）的选股方式从来就赚不到钱，"相对市销率"(relative price-to-sales)虽然当市场环境大好时，被证实可以赚钱，但也不如单独使用"相对价格强弱"选股的效果好。从那以后，我发现"相对市销率"是个效果一般的方法，于是便把它从强势股的操作中剥离了出去。我

> "相对收入增长"的选股方式从来就赚不到钱；"相对市销率"虽然当市场环境大好时，被证实可以赚钱，但也不如单独使用"相对价格强弱"选股的效果好。

还发现"相对强弱"方式单独使用时并不能获取超额利润。在30多年的实盘观察中发现，有些时间里这种交易方式的效果并不好。但我也得承认，我无法找到万能的模型参数。我注意到奥肖内西

(O' Shaughnessy) 在《投资策略实战分析》(*What Works on Wall Street*) 一书中也表明自己发现市销率与选股的关联已经不再明显。尽管他的计算和回测方法与我所使用的有很大区别，但是他也认为"相对价格强弱"才是最好的选股方法。因此，我抛弃了市销率，只使用 "相对价格强弱"方法。作为一名技术分析师，我坚信这是最适合自己的交易方法。

控制资金流失——最大回撤率、波动率以及多元化

大多数投资经理和资产管理经理并没有明确的离场策略，他们不清楚手中仓位潜在的资本风险到底有多大。当你下次和投资经理聊天，或者阅读共同基金的文章时，请留意他们是否具有明确的离场策略。你会惊奇地发现他们对于离场策略和资本风险控制的认识也是相当模糊。正如上述学生们的实验中所验证的那样，利润

来自风险控制，而不是来自选股。这与商店主所面临的问题有着相同的原理：控制亏损，保留利润。

控制亏损的方式有很多，其中大多数是通过股价自身变化作出反应的技术方式。我们很难通过股票的盈利、销售额或者其他基本面因素制定出离场策略。奥肖内西的实验找到了那些导致持续亏损的基本面因素，却也回避了什么时候应该因止损或止盈卖出股票这样的问题。因此，学习股价自身行为的技术分析是保护亏损的首要方法，更重要的是，它也是决定亏损风险的首要办法。

> 学习股价自身行为的技术分析是保护亏损的首要方法，更重要的是，它也是决定亏损风险的首要办法。

最大回撤 (drawdown) 用于衡量风险，是指投资组合的市值从最高跌落到最低的空间。它可以以百分比或者以现金数额计价。最大回撤是资金所承担的最高风险，100% 最大回撤意味着你可能会把本金亏光，而较小的最大回撤或许又无法让你对其收益感兴趣。你应该了解自己的投资需求以及亏损承受能力。大多数投资者可以接受 20% 的资金回撤，但同时要求潜在回报率达到 40% ～ 60% 以上。不同人之间对于资金回报和最大回撤的要求区别很大。一些商品期货投机者宁可承担 60% ～ 80% 的资金最大回撤，但是他们知道自己的系统也很可能把手中的本

> 最大回撤用于衡量风险，你应该了解自己的投资需求以及亏损承受能力。收益和资金回撤总是有着正相关的关系，你不能在要求高回报的同时却不接受同样规模的资金回撤。

金翻 2～3 倍。收益和资金回撤总是有着正相关的关系，你不能在要求高回报的同时却不接受同样规模的资金回撤。

波动率（Volatility）用来衡量价格的波动。它从来都不是个常量，它会随着市场和个股的行情产生变化。它无法告诉你手中的资金风险到底是多大，而且它也不是主要用做风险评估。最大回撤永远是用以衡量风险的首选，而波动率衡量风险的局限性很强。波动率的数值无法告知你自己是否会有被爆仓的可能。但是让人无法相信，近年来很多学术派和职业派的文章都把波动率当成需要避免的因素。然而，事实是波动率创造了利润，它正是我们所需要寻找的因素。亏损来自于最大回撤，而不是波动率。在上述的学生实验中，整体盈利的原因是我们规定把触发保护资金离场的条件收紧设置在了 5%。夏普比率（Sharpe Ratio）作为衡量风险的常用指标，其除数中的波动率很具备欺骗性，因为这条公式中的分母和分子中同时都包含了波动率。投资中应该包含上涨的大波动率，因为你无法在一只波动率极其有限的股票中达到获利的目的。

> 波动率用来衡量价格的波动。它从来都不是个常量，它会随着市场和个股的行情产生变化。事实是波动率创造了利润，它正是我们所需要寻找的因素。亏损来自最大回撤，而不是波动率。

夏普比率经常被错误地认为是衡量风险的方法。由于这是一个普遍的错误认知，很多投资组合经理把夏普比率作为衡量他们交易成绩风险的指标写在了报告中，甚至很多共同基金的检测业务或是共同基金的报告也把这件事当成了惯例。

---

① 夏普比率的计算公式为：$[E(Rp)-Rf]/\sigma p$，其中 $E(Rp)$ 是投资组合预期报酬，Rf 是无风险利率，σp 是投资组合的标准差。——译者注

由于这个错误认知，公众为投资组合经理带来了压力，迫使他们不得不选择那些波动率低于均值的股票以规避风险。因此，他们最终选择买了那些趋势不明显的股票。然而在资金风险有限的情况下，取得高盈利所需要的是选择强势、快速上涨的波动股，随后再根据价格变化制定好亏损保护或获利止盈，以防投资所选中的股票的走势与预期相反。

以股票价格变化的标准差作为波动率的计算也是错误的，虽然布莱克·斯克尔斯期权定价模型（Black Scholes Option Pricing Model）也由此计算得出。当一只股票处于上涨趋势时，股价会迅速上扬，所以价格变化的标准差也随之变化。也就是说，由于处于上涨趋势中，股价会与它的平均价格迅速拉开距离。如果用这种方式计算出的波动率来衡量风险，那么我们很可能会把一只强势股排除在选股考虑范围之内，因为根据定义，这只股票的风险太大，但是这种结论是荒谬的。许多业内和学术界的研究都证实了通过"相对强弱"方式选择强势的股票是可以盈利的。事实上，我们渴求上涨方向的高波动率，而不是对其产生恐惧之心。它与我们真正需要担心的资本亏损风险截然不同。我不知道造成对波动率误解的原因是不是出于对技术分析的偏见，但是很多投资组合的确因此吃了大亏。

另一个被误读的概念是：多元化（diversification）是用以解决选股错误的方

法。它假定投资决策有时是错误的，不过一旦你拥有足够多的股票后，那么亏损的影响力便会因其他股票的成功盈利而降低。这种观点是对 CAPM 模型（Capital Asset Pricing Model）本质的理解错位，因为这种组合会使风险度量依赖于公式中的"贝塔"。贝塔用于衡量个股与像标普 500 这样的大盘平均涨跌之间的变化关系。把个股价格变化与大盘平均变化的线性关系画在图表上之后，该线与纵坐标轴相交的点叫做阿尔法，该线的斜率叫做贝塔。如果该线的斜率很陡峭，也就是贝塔值很大，这也象征着高波动率。然而，除了表达出风险量度外，它却无法告诉我们股票可能带来额度资产损失的几率到底有多大。贝塔只能衡量股票与大盘之间的波动关系，却不能告诉我们是否有亏损的可能。事实上，阿尔法用来衡量股票风险的作用比贝塔还要好。无论波动率如何，一个阿尔法值为负的股票能够告诉我们它的表现弱于大盘。在不考虑贝塔的情况下，我们很可能会在一只低阿尔法值的弱势股票身上产生亏损。

> 贝塔只能衡量股票与大盘之间的波动关系，却不能告诉我自己是否有亏损的可能。事实上，阿尔法用来衡量股票风险的作用比贝塔还要好。无论波动率如何，一个阿尔法值为负的股票能够告诉我们它的表现弱于大盘。

　　此外，多元化很难产生高额利润。虽然多元化可能降低亏损仓位的影响，但是同时却也降低了盈利仓位的影响。对于为了避免交易错误而言，多元化是一个很鸡肋的办法，因为这也可能导致错失一套稳定盈利的投资系统。投资组合是一项生意，我们必须对其优中选优。投资组合中应该尽量由最强势、波动率最高的股票组成。如果石油板块中的股票走势最强，那么投资组合中就应该只把石油类股票收入其中。如果石油类股票和挖掘类股票是最强势、波动率最高的，那么我们的多元化就应该发生在这两个板块中。投资组合管理的目的是盈利，而不是平均等价于其他组合。我们应该通过风险管理的方式控制风险，而不是多元化。在2007年至2009年期间的熊市过程，所有股票都在下跌，多元化方式对于控制资本亏损起不到任何作用。

离场策略

离场策略是规避风险的方法。它们用于规避资金亏损，或是锁定盈利。规避亏损是一件很难的事情。常见的方法是在入场价下方设置一个"保护性止损价"（protective loss），以防决策判断失误而导致大额亏损。这种方法可以保护逐笔亏损，但是却无法既保护一连串的亏损，又防止因失败的投资组合管理所产生的大幅度资金回撤。一连串亏损可能由于选股方式的缺陷所致，或者因整个大盘下跌所致。选股缺陷可以通过合理的仓位配置得以弥补（永远不要让大资金在某个特定仓位承担过多风险），或通过市场择时信号告知你离场观望来调节。

市场择时是投资经理们不愿面对的问题。当交易系统发出择时信号、要求卖出股票时，由于大多数投资者对于市场持有乐观态度，而且他们的客户大多愿意顺从主流大众的观点，因此导致投资经理承担着巨大压力而不遵从择时系统所发出的卖出信号。当市场处于高位时，这些客户通常会在股票卖出后，把自己的钱赎回以降低管理费。此时，即使从职业角度看，市场行情正在陷入麻烦，基金的销售部门也会为了取悦客户而对基金经理施压。许多基金在运作时完全不考虑市场择时，因此一旦大盘出现下挫，基金经理只好独自承担起这种巨大的压力。

当市场处于底部时，基金经理、销售和客户三者之间的矛盾还会显现出来。此时客户不想买入任何股票，而市场出现反转大行情的可能性却很高。对于牛市、熊市以及市场未来走向的判断，是一件因人而异的事。普遍来讲，当大众过于乐观的时候，市场通常是在顶部，而当大众过于悲观的时候，市场通常是在底部。公众从新闻、投资建议、电视、顾问以及其他信息来源中获得观点，从而使市场择时难以掌控。这也是纪律性强的程序化交易系统可以创造出优异交易成绩的原因之一，从而证明了在牛熊两种市场中，情绪不应该作为考量的入场因素之一。

尽管目标价位也是常见的离场策略之一，但是世上根本找不到任何一种能够准确定位目标价位的方法。我发现目标价位总是会给交易者带来困惑，要么股价提前出现下跌，导致交易者陷入是否该卖出的窘境；要么股价继续大幅上扬，导致交易者为离场过早而感到遗憾。我个人不太信任目标价位，而是使用测量趋势强弱的技术做离场判断。这个方法会在第 7 章 中作具体解释。

> 尽管目标价位也是常见的离场策略之一，但是世上根本找不到任何一种能够准确定位目标价位的方法。

资金管理策略

本书涉及投资与交易的入场策略和离场策略。我强调了自己手中最赚钱的交易策略，并展示了它在过去的表现及对未来效果的预期。资金管理策略是交易策略的另一个组成部分，主要是通过投资组合来减小最大回撤的影响。我并没有进行介绍，这主要是因为它十分复杂，且又因人而异。初始资金应投入多少？交易仓位应该多大？交易策略需要结合其他什么方面共同使用？风险控制和执行风格应该怎样？应该持有几种不同的仓位？应该使用杠杆吗？尽管很多投资组合经理和投资者会忽略这些因素，但是它们都应该被考虑进资金管理策略中。我建议当你的投资到达这个阶段后，你可以参考以下这些优秀的相关书籍。本书中"交易者"（Trader）一词并不特指职业交易员。书中所介绍的原理适用于任何规模的投资组合，然而大多数手持重仓的投资经理却难以理解为什么他们的业绩长期无法跑赢市场。

资金和仓位管理的相关书籍推荐

《海龟交易法则》，（美）柯蒂斯·费思（Curtis Faith）著。

《交易系统与方法》（第5版）（Trading Systems and Methods），（美）佩里·考夫曼（Perry J. Kaufman）著。

《一个交易者的资金管理系统》（A Trader's Money Management System: How to Ensure Profit and Avoid Risk of Ruin），（美）班尼特·A·麦克道尔（Bennett A. McDowell）等著。

《交易圣经：系统交易赢利要诀》（The Universal Principles of Successful Trading: Essential Knowledge for All Traders in All Markets），（美）布伦特·奔富（Brent Penfold）著。

《对冲基金奇才》（Hedge Fund Market Wizards: How Winning Traders Win），（美）杰克·施瓦格（Jack D. Schwager）著。

《超级交易员》（第2版）（*Super Trader, Expanded Edition: Make Consistent Profits in Good and Bad Markets*），（美）范·K·撒普（Van K.Tharp）著。

《范·撒普的超级交易员训练法》（*Van Tharp's Definitive Guide to Position Sizing*），（美）范·K·撒普（Van K·Tharp）著。

《组合投资运算手册》（*The Handbook of Portfolio Mathematics: Formulas for Optimal Allocation & Leverage*），（美）拉尔夫·文斯（Ralph Vince）著。

《风险机会分析》（*Risk-Opportunity Analysis*），（美）拉尔夫·文斯著。

回测：标准优化和前行优化

本书中的结果是我于 2012 年底亲自用标准和前行优化测试得出的。数据取自 1990 年至 2012 年期间美股每日的收盘价。为了消除生存者偏差，同时还包括了这段时期内的上市公司和已退市公司的数据，但是只限于营运公司。衍生品如 ETF（交易型开放式指数基金）或者利率相关的股票没有囊括在内（ETF 会在第 5 章的交易部分用到）。所涉及用以分析的股票数量为 6 272 只。这份股票名单中也包括了美国存托凭证（在海外市场交易的股票）以及在以下 3 个主要交易所上市的其他外国股票：纽约证券交易所、美国证券交易所以及纳斯达克证券交易所。价格数据根据摊派资本和增发作出了调整，但不包括分红。在这个交易系统中，我只是用了价格数据，原因正如技术分析师长期所讨论的一样，价格包含了股票的全部所需信息，比如情绪、历史以及全世界投资者对它的观点。

标准优化

标准优化通过测试不同变量参数（比如回测周期内的相对强弱、买入档和卖出档）的结果，来判断哪种参数组合可以得到"最佳答案"。最佳参数组合通常由盈利和潜在亏损构成，因分析师们的喜好不同，故答案也并非唯一。最终目标是通过测试找出"目标函数"（objective function）的统计，最高级别的目标函数就是我们要的最佳答案。当电脑运行不同参数组合时，它会得出全部交易系统中净盈利最高的参数组合，这就是基于净盈利作为目标函数的最佳交易系统。当然，单从净盈利上看，系统无法体现出风险，于是我们引入 MAR 比率。MAR 比率是由复合年化增长百分率（compounded annual growth rate percentage，CAGR）除以最大回撤百分率（maximum drawdown percentage，MDD）所得到的。经过一系列对参数的测试后，我们可以选择拥有最高 MAR 比率的组合。我们也可以使用其他目标函数，这会因不同分析师在各自眼中的重要程度而异。

前行优化

在前行优化中，优化过程与标准优化方式相似，它也使用目标函数来衡量每次优化的结果。然而不同之处在于，它在全部数据中只选取优化一小段时间内的数据，随后再用独立的未知数据来测试优化中所得出的最佳参数。它总结出了这些样本外数据（out of sample，OOS）的结果，以观测从原始数据中得出的最佳参数组合运用到未知数据中的效果。一套成功的系统应该是未知数据的输出结果与已知数据的输出结果相似。在前行优化中，为了确保不同时间段内数据形态的相似度低，运行次数要视情况作出变化调整。样本外数据的比例也要根据时间周期的长短作出调整。未知数据的优化过程和测试结果是用来检验原始系统的假说是否真正能够取得收益。如果检验结果令人满意，那么我们称这套交易系统是"稳健的"，它在未来也有着很高的盈利概率。

本书结构

接下来，本书将开始更具体地测试相对强弱投资系统以及其他几个交易系统。每个章节都先通过展示回测结果和图形介绍概念。在投资部分，将包括相对价格强弱、排档、投资组合增减比率、最低成交量和初始交易价格，以及为取得未知数据最佳交易结果的停损百分比等方面的最佳回测周期。随后，我还阐述了通过市场择时系统以减少大盘下跌影响的相对强弱系统管理规则。最终结果表明，这套系统是非常实用的。这套稳健的选股和技术交易系统可以让散户投资者用于任何仓位规模的投资组合。

KIRKPATRICK'S INVESTMENT AND TRADING STRATEGIES

Tools and Techniques for Profitable

Trend Following

|第 1 章|

投资策略：回测

在开发股票交易系统的领域中，回测是用来确定最佳交易规则和研发新程序化系统的最基本方式。对于一套现成的交易系统而言，按照可靠性和有效性区分，回测的主要操作方式有三种：简单回测、标准回测和前行回测。

当分析师已经通过其他测试方式研发出一套合理的假设时，可通过简单回测来验证参数是否依然具备盈利性。我在图1—1中列举了一个例子，这是我使用相对价格强弱的原始公式买卖股票所形成的资金曲线图。资金曲线向上的斜率表示该策略一直让股票处于持续盈利的状态。此外，我们也注意到资金曲线在上升过程中并不平滑，包括数次较大、为时较长的下跌或资金回撤。这个高风险的投资组合会让人们对交易系统感到心慌，有待后续改进。

标准回测通常用于一套处于研发过程中的假设策略。它根据一系列规则使用大量数据观测，是否不同的参数组合都能产生盈利的结果。如果成功，那么优化便建立了一个盈利参数区间以供后续测试。然而优化的结果不应该在尚未经过未知数据测试的情况下，直接运用到资本市场上。优化使策略算式更适用于在历史数据中具备盈利能力但结果所产生的系统却不具备预测价值的情况。优化的好处是在运行了大量数据后，我们可以从简洁的报告中判断该交易系统是否具有使用价值。它也同样消除了那些盈利低其至亏损的参数组合。如果优化显示在大量参数组合中都可以盈利的话，那么这很可能是一个好的交易系统。否则，我们便不必再在它身上花费时间，这种交易假设便可以被丢弃了。

一旦某个假设被发现是盈利的，并且我们从数据中挑选出了参数的合适区间，前行优化便可以使用前期确定的参数区间去测试未知数据，以优化这个有盈利潜能的交易系统。它对系统进行微调，如果成功的话，将会制造出一套未来盈利可能性极高的交易系统。这最终优化是淘汰大多数交易系统的一步。找到一套在过去盈利的交易系统并不难，而找到在未来盈利的交易系统才是真正困难的事情。

标准优化

优化是分析师测试假想策略并制定一系列投资或交易规则的过程。交易规则可以是某个技术指标，也可以是一系列技术指标的组合。我建议让交易规则尽量保持简单，因为交易规则越复杂，未来市场出现变化时就越会影响交易系统的表现。此外，算式越复杂，你就越难找到正确的参数。所有的交易规则都包含决定算式的变量，并基于此建立交易系统。参数是变量应用在交易规则中的实际取值。

优化为假象交易系统的变量，选取一个参数区间，并通过测试决定哪种组合可以提供最好的交易结果。

相对强弱规则

"相对强弱"是为了寻找在未来有着最强势表现股票的选股过程。由于它与市场有效假说中有关"历史价格不具备预测价值"的提法相悖，因此，人们一直存在着争议。计算相对价格强弱的方法有很多。学术界通常使用一个特定时间段内的股票自身价格变化来计算，而业内则通常使用价格与市场平均或行业股票组合相比较。我所用的相对强弱规则是计算出股票收盘价与移动平均价的收盘价之间的比率。这种方法克服了与整个市场均价关联的"陡壁效应"

（drop-off effect）。我把全部6 272只股票的比率都计算出来并以百分率的形式排序，然后把比率最高的1%记为99分档，次高的1%

> "相对强弱"是为了寻找在未来有着最强势表现股票的选股过程。我所用的相对强弱规则是计算出股票收盘价与移动平均价的收盘价之间的比率。其交易规则是：当某只股票上涨到买入档位后，买入股票。如果已经持有该股，那么当该股下跌到卖出档位后卖出。

记为98分档，以此类推把全部比率分类。交易规则是：当某只股票上涨到买入档位后，买入股票。如果已经持有该股，那么当该股下跌到卖出档位后卖出。因此，交易系统中算式的变量是比率中均线的跨度、买入档和卖出档。参数为优化中可能会用到的取值。

在优化的数据中，我们使用收盘价，但是均线的时间跨度是一个变量，因为它可以是任何数量的天、周或者小时。通过使用参数可行区间，结合买入档和卖出档的区间，优化可以从所有参数中找到最佳值。每天都执行一次计算和排档，每周则计算一次其产生的整个指数的表现结果。尽管增删股票是根据以周为周期的相对强弱计算的，但是买卖档依然以日为周期计算，其中的原因是，在该周内其他与价格相关的停损单生效时，我们必须在该交易日把相应价格记录在案。

前行优化

前行优化与标准优化的方法基本相同，只不过它保留了一部分价格数据，用以将来测试优化的结果。在优化过一部分数据后，我们将这些在优化测试中未经采用的"未知数据"称为"样本外数据"。随后，系统再次用同样的优化过程运行并测试未知数据。最后，当全部数据都测试完后，我们从全部未知数据所产生的结果中分析系统的稳定性，也就是系统的盈利能力到底多可靠。如果优化过的数据无法提供稳定性，那么它们必须被丢弃。如果它们不能被证实是盈利的，也就代表着整个公式的失效。在筛选算式寻找特定市场最优模型的过程中，这种事情很常见，它们会浪费我们很多时间并带给我们很大的挫败感。然而我之所以知道相对强弱模型能够生效，是因为我在过去的交易生涯中曾亲自见证过。只不过当年我不清楚交易模型中的最佳参数是什么，以及如何通过调整让交易系统变得更加强大。这就是我们现阶段所需要学习的，现在我们就从交易决策使用哪些数据以及参数测试区间开始学起。

资金曲线

资金曲线（Equity Curve）是以时间为横坐标、以交易策略的净利润（总利润减去总亏损）为纵坐标的半对数图。资金曲线是交易系统分析员的首要研究，它代表着虚拟账户在测试期间根据所得参数交易取得的表现。一套成功的系统可以创造出不断提高的利润，同时还会尽可能地减少资金回撤。曲线的形状应该平滑稳健地向右上方延伸。虽然我们还需要其他信息和方法才能判断一套系统的稳定性，但是所有分析师都会从资金曲线开始看起，它能马上让分析师做出该交易策略是否有前景的初始判断。

资金曲线能够作出预测吗？它能够判断出该系统的未来吗？分析师也不知道。分析师知道的只是这些参数在过去很有效，在未来很可能会出现变化。也就是说，这些通过优化而得来的参数很可能会迎来无法再赚钱的那一天。为什么会这样呢？

在优化的过程中，我们寻找那些能够取得最佳结果的参数。标准优化只使用历史数据，因此它只能反映出过去，而不是未来。它能代表着你远见卓识地挑出了最正确的参数，却不能保证系统参数在未来会出现何种表现。因此，为了提高该系统在未来具备盈利能力的几率，我们有两种可以作出预测的方式：1. 在优化外保留一部分历史数据，用以测试参数，也就是前行优化所做的事情；2. 利用即时的实盘模拟，观测系统是否可以盈利。

对于我在前文中所提到的相对强弱系统参数，我已经使用它们实战交易了23年。当年为了认证该系统是有效的，我曾为此等待过极长的时间，尤其是当我使用周数据时。图 1—1 是该交易系统的资金曲线，该研究的数据起始于 1990 年。这个资金曲线是经 182 天测试周期，在买入档取值为 97 和卖出档取值为 52 时所重新计算出的结果，参数取自这个时间段，再把结果重新按照 1 002 只股票等量资金权重，重新聚合在样本数据库中（请参阅第 2 章"初始标准优化"的"样本数据库大小"部分）。

资金曲线显示了几个为什么有必要决定出最佳参数的原因。资金曲线的大体方向应该是向右前方行进。然而，我们也看到它出现了几次大幅调整。最后，该资金曲线的复合年化收益为 19.57%，这相比于市场平均是一个很好的数字。该模型在早期 1990 年至 1994 年期间和最后 5 年里的资金增幅表现平平。

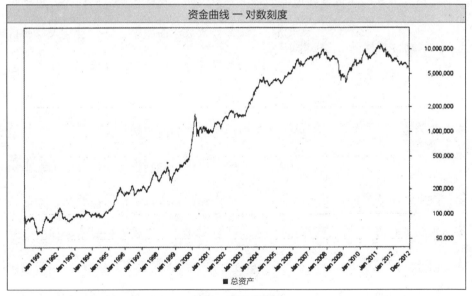

图 1—1 资金曲线

注：图 1—1 使用《战胜市场》一书中的相对强弱公式，在 1990 年 1 月 1 日至 2012 年 12 月 31 日的 1 002 支股票数据库中选出的等量资金权重指数。

资金曲线过度拟合

优化有其自身的缺陷，但其中大部分可以得到更正。很多分析师认为优化只能起到对过去量化的作用，并无任何预测价值。当优化过程过于简陋，或者缺乏合理前行分析的过程时，这个结论是正确的。大多数不成功的交易系统都太过于依赖历史数据。分析师必须要定期留意这个问题，并防止其介入到自己的计算中。

由于市场总是处于波动起伏中，而又正是因为这些波动起伏，我们才能从市场中赚钱，于是我们便希望能够预测到这些起伏。如果对于起伏的未来预测能够与历史的曲线相拟合的话，那这个模型便能够盈利了。可问题是，市场越多介入数学曲线中，它们看起来与所得算式就越不符。究其原因，市场是动态的实体，它总是在变，也总是在做出一些意想不到的事情。因此，一套交易系统不应该精确到尝试预期每一个细小变化，而应该能够灵活地适应市场变化。

> 优秀的分析师会把优化当成一个起点，通过系统如何应对从未应用在系统中的未知数据来决定系统最终参数，而不是去完美地拟合历史数据。

优化越根据历史价格数据调整，那么它作为预测工具的有效性就越危险。市场不会像弹道轨迹或燃料引擎那样严格遵从物理定律，它就像飘雾一样让人无法进行预测。越是把它当成物理问题研究，那么所得出的结果存在的缺陷就越大。为了减轻这种倾向，优秀的分析师使用长期连续的原始数据，这其中包括了各种市场行为的变化。他不会为了去拟合市场的历史而不断增加变量，因为相信未来可以被历史推导公式预测的信念本身就是错误的。优秀的分析师会把优化当成一个起点，通过系统如何应对从未应用在系统中的未知数据来决定系统最终参数，而不是去完美地拟合历史数据。毕竟交易系统存在的目的是在未来的未知数据中具备盈利能力，而不是只在历史数据中计算参数。

为了克服曲线拟合的问题，以下几点重释了帕尔多 (Pardo) 所提供的预防措施建议：

1.　限制自由度 (少变量，多数据点)；

2.　提高原始数据量以覆盖不同市场状况，并生成多笔交易 (至少 50 笔)；

3.　运用正确的优化方法；

4.　在小额交易样本中，忽略掉单笔大额胜率的交易；

5.　使用前行分析测试检测稳定性。

入场策略

所有的交易系统都要求具备入场策略和离场策略。尽管离场策略的重要性看起来更高一些，但是入场策略也绝不可以被轻视。入场策略通常包含着一系列的规则定义交易系统，离场策略通常为交易设置限制以避免资金受损或保护利润。因此，尽管离场策略很重要，但是它们在不同的交易系统之间却大同小异。

一套交易系统必须生成大量的交易次数，这样才能避免统计上样本不够的问题，以确保系统的可靠性。只生成几笔交易的交易规则需要更多的数据，或者更短的数据点间隔。正如图1—1所展示的，在我早期的相对强弱交易系统中，一共包含9 197笔交易。通常我们至少需要几百笔交易，交易次数越多，分析师对于结果的信心就越强。

除了从算式或投资理论得出的规则外，入场策略在实用性方面也必须要加以考虑。投资有着自身的属性，尤其是初始价格或者初始成交量对结果很重要。理论上这些都是技术系统中重要的考量因素，但是很少有人专门测试它们的精确性和实际效果。在第2章中，我观察了这些交易系统入场策略中其他方面的因素，并惊讶地发现初始价格对于系统的表现几乎没有影响，而对初始成交量只产生了微弱的影响。

离场策略对交易结果的影响

大多数优化都体现在入场策略中，而对于离场策略则只需用一些标准算式处理，甚至只是设定一个持仓时间而已。然而如果选择只是持仓的话，模型还会面临着其他问题。持仓时间应该设置多久才好？这个变量会严重影响入场策略的表现。如果这个测试刚好发生在大盘下跌之前，那么离场策略依然只根据持仓时间作出调整吗？离场策略是否可以为入场策略的表现不佳作出解释？你可以看到，无论什么样的离场策略，它都会对交易结果产生影响。离场策略必须足够灵活，这样才能将对入场策略的影响减到最小。那分析师们应该怎样做呢？

在这套策略中,我很幸运可以使用同样的变量制定入场策略和离场策略——相对价格强弱。其基本逻辑很简单：当股票涨达一定价位或价格档位后买入,当股票跌至一定价位或档位后卖出。它彻底避免了时间问题,因为这些股票在上涨行情（假定相对价格极其强势）结束后可能在任何时间出现回落,但是通过不考虑时间限制的价格档位可以得到妥善解决。

图1—2 中展示了算术刻度的资金曲线,下方是前期指数峰值的资金回撤百分率。最大回撤百分率（MDD）为61.3%,这是一个大多数投资者都无法接受的数字。除了大幅资金回撤外,从前期高点到下一个新高点之间最长的等待期为38 周。事实上,尽管模型的表现很好,但是又有多少投资者愿意在亏损中长期等待恢复呢？这样的投资者的确很少。正如我在导言中所提到的,这套交易系统的参数是30 年前决定的。幸运的是,系统依然整体盈利,并达到了19.57% 的复合年化收益。

应对资金回撤的离场策略主要有两种方式：一是对逐笔投资设置离场策略;二是使用市场择时模型以减少整体市场下跌所带来的影响。在大盘整体下跌时,个股相对强弱离场策略无法及时反映出这个问题。为了应对这种资金回撤的问题,我测试了逐笔交易百分率止损。

应对资金回撤的离场策略主要有两种方式：一是对逐笔投资设置离场策略;二是使用市场择时模型以减少整体市场下跌所带来的影响。

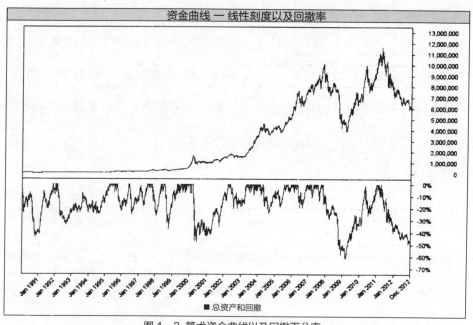

图 1—2 算术资金曲线以及回撤百分率

注：使用《战胜市场》一书中的相对强弱公式，在 1990 年 1 月 1 日至 2012 年 12 月 31 日的 1 002 只股票数据库中选出的等量资金权重指数。

应对大盘下跌所导致的资金回撤有很多不同方法。图 1—2 中显示了该资金曲线有三段时期亏损超过了 40%，它们发生在 1990 年—1991 年、2000 年—2001 年以及 2008 年—2009 年期间。大盘的整体调整囊括了全部股票，再强势的相对强弱股票也会出现下跌。随后它们会被从投资组合中剔除，再被其他股票所代替，然后这些新替换进入组合的股票也继续下跌，随后再次被模型剔除。这意味着设置在个股身上的保护性止损在大盘整体下跌过程中的效果并不好。解决这个问题的唯一方法就是拥有一套市场择时方法，当整个市场下挫时关掉系统，并在市场底部形成后重新开启。通常来说，很多市场择时系统使用一系列移动均线交叉。

当判断大盘整体走弱时，停掉交易系统，并当大盘重拾上涨动能后，重新进入市场。包含市场择时系统的最终模型会在第 4 章中进行介绍。

等量资金权重指数

如果引入过多与系统关联不大的变量，那么投资系统的表现会变得十分复杂。大多数优化对于选股数量都有着上限，或者是一个特定数字。当一套投资组合初步建立后，我们很容易就能通过投资组合总资产除以总限制股票数量来确定个股初始仓位的大小。例如，在价值 100 万美元的投资组合中，规定上限为 20 只股票，那么每只股票的初始仓位就是 5 万美元 (1 000 000 除以 20)。然而随着时间的推移，个股之间的表现出现了明显差异，这使得交易系统结果表现得过于看重那些走势成功的股票。由于当新股达到选择标准后便会被纳入到投资组合中，而不符合要求的股票则被剔除在投资组合之外，那么投资组合便会由许多不同权重的股票混合组成。那么此时，投资组合便遇到了处理分配新股权重，以及卖出股票的余款不足以建立新仓位等问题。

用标准投资组合模型测试投资方法所遇到的另一个问题是，由于受到股票数量上限的限制，系统很可能遇到股票数量已达上限，而更合适的股票无法被纳入近组合中的问题。例如，市场中如果有 50 只合适的股票，同时投资组合的上限是 30 只股票，而我们的投资组合中已经收录了 20 只股票，那么我们便只有 10 只股票空位留给新股。也就是说，其余的 40 只股票不得不被放弃收录到投资组合中的机会。因此，投资组合的交易成绩无法反映出全部达到筛选股票标准的综合成绩。

在调整的过程中，每只股票的仓位都应该重新调整至等量资金权重数额。这类投资组合称为"等量资金权重指数"（equal-dollar-weighted index）。

一个等量资金权重指数收录任何达到标准的股票（就像一个特定的相对强弱级别），并把资金等额分配给每一个仓位。它每个星期都会重新分配仓位资金，使每只股票所分得的权重都相同，并且不限制增加或剔除股票的数量。比如，一个 100 万美元的投资组合 / 指数可能包含 500 只符合要求的股票。在运行模型的

理想中的投资组合不应该受限于股票数量，并且不同股票之间应该权重相等。正确的投资组合应该定期进行仓位调整，以降低一两只表现极其优异的股票对整个组合所产生的影响。

第一周，每只股票分配 2 000 美元资金。假设这个指数在这一周中增长了 3%，达到了 103 万美元，那么到了周末，一些股票会因达到要求而新增进投资组合中，同时一部分股票会被模型剔除到指数外。我们假设投资组合中还剩下 450 只股票，这其中包括第一周没被提出的股票再加上新增入投资组合的股票总和。到了第二周，每只股票的资金分配便同时达到了 2 228.90 美元（1 030 000 美元除以指数中的 450 只股票）。

我们每周都执行一遍这个过程，直到整个测试阶段结束为止。每只股票的仓位依靠以市场价增减（买卖股票）达到符合指数要求的 2 228.90 美元资金配置。因此，这个投资方法的测试就通过指数交易表现的形式体现出来了。它衡量了全部依照入场策略和离场策略添加进投资组合股票的平均盈利或亏损。如果在根据规则测试过大量参数组合后，发现其中某套参数组合的交易结果要比其他的更好，

那么它就很可能是一套更好的交易系统。在这个过程中，只有增添和剔除指数中的股票会影响到交易结果。

理想中的投资组合不应该受限于股票数量，并且不同股票之间应该权重相等。正确的投资组合应该定期进行仓位调整，以降低一两只表现极其优异的股票对整个组合所产生的影响。

增加股票、剔除股票、重新分配资金和调整仓位应该考虑滑移价差和交易佣金吗？我的回答是"不"。等量资金权重指数只是为了验证交易系统本身是成功的还是失败的。这种快速调整仓位的指数不适合用于实际现金操作。它不同于投资组合，而滑移价差和交易佣金是投资组合管理方面所需要面对的问题，与选股系统无关。最后，我们很可能发现这个选股系统的盈利会由于受此限制，无法作为一个稳定的投资组合系统。滑移价差和交易佣金的问题对于投资组合管理来说的确非常重要，但是在建模早期就开始考虑它们，只会徒增与系统无关的变量而已。

目标函数

为了测试投资方法，分析师必须在头脑中有着明确的目标以专注于优化，这个目标就叫做"目标函数"（Objective Function）。分析师通过目标函数寻找最佳参数组合。"最佳"的衡量标准是系统既满足需求，又具备足够的稳定性。在交易系统的研究中，"最佳"是指在对目标函数的测试中所以表现最好的参数组合。

什么样的函数可以生成最佳交易系统？这个问题很难回答，因为分析师在建立盈利、稳定的系统时需要考虑到很多种不同的因素。大多数分析师知道自己想要的交易系统是什么样子的。交易系统的基础是高回报以及低资金风险。在寻找这种函数时，分析师会或多或少地带上主观意见。除了盈利和避免亏损外，同样还有其他因素也吸引着分析师，比如持仓时间短、交易频率、更倾向于绝对回报（相比相对回报）、整体高交易胜率、夏普比率，甚至所谓"Ulcer指数"（Ulcer Index）[1]。比如，它可以是净利润，但是净利润无法体现出资金风险。它可以是资金回撤率，但是资金回撤率又无法体现出净利润。

常见的目标函数作用是衡量出利润与资金风险的比值。我使用的是复合年化收益除以最大回撤率所得出的MAR比率。它可以便捷地被计算出，并能够直观地评价交易系统的整体价值。

还有一种目标函数是按照我们的想法去拟合现实中的资金曲线，包括其中全部的收益和回撤。我使用"R平方"（R^2），通过统计学的方法与资金曲线从头到尾做一个一元线性回归。

另一种资金曲线拟合的目标函数叫做"完全效益相关"（Perfect Profit Correlation, PPC）。这种方法按照指数中全部股票的历史实际高低价位执行买卖操作，以此代替系统发出信号。因此，它衡量了系统表现与理想模型之间的差距。在这个测试中，由于股票的基数较大，所以导致交易量很大，计算量过高，约达到10 000回合买卖交易。R平方可以得出相近的结果，可是过程却容易计算得多。

---

① Ulcer指数是一个通过基于波动率衡量风险的指标，与其他波动率指标相比，它的特点在于仅考量波动向下的情况。它的计算方式是全部回撤值的平方的和的平均数的算术平方根。——译者注

目标函数不应该被自身优化，也不应该根据不同测试做出调整。如果目标函数不同，那么比较测试结果将变得毫无意义。在优化结束后，分析师根据自己的目标函数和交易规则得到并拥有了最佳参数组合。然而，这绝不意味着他应该立即打电话给经纪商实践自己的模型，因为在接下来的道路上还有很多障碍等着他去克服。

接下来我们需要做什么

接下来的几个章节将包含如下几个重要步骤：

1. **建立完整的数据库**。从 CSI（www.csi.com）下载过去 30 年间每日股票收盘价格数据，其中包括普通股和 ADRs，但不包括利率相关股票、金融衍生品、优先股、权证、信托以及任何其他不直接代表母营运公司的股票。

2. **消除无用的参数组合**。标准优化为所有变量执行可行参数测试（周单位测试周期、相对强弱买入档、相对强弱卖出档），并使用 MAR 作为目标函数。这使得每个变量的参数区间都具备了潜在预测价值。

3. **决定最佳参数组合**。使用 MAR 作为目标函数对参数执行前行优化。

4. **决定系统最终最佳参数组合**。根据可体现出系统稳定性的比率指标，来分析通过前行优化所得出的交易系统。

5. **测试并分析其他变量**。一旦最终稳定系统存在并得以确立，那么便可以通过测试其他变量（止损百分比、初始价格、初始成交量以及市场择时）看看交易结果是否可以得到提升。如果答案是肯定的，那么在最终模型中则使用这些稳定变量的参数。

KIRKPATRICK'S INVESTMENT AND TRADING STRATEGIES

Tools and Techniques for Profitable

Trend Following

|第 2 章|

初始标准优化

从现在开始，我们将会进入相对无趣的测试、数字、统计和优化方面的主题。在进行前行优化之前，我必须缩减潜在参数区间，以降低运行时间。前行优化会在进行过程中梳理大量参数。比如在本书的研究中，如果我们只使用整数，那么整个可能参数区间的最小计算量是：

100 买入档 × 100 卖出档 × 每年 251 个交易日 × 23 年价格历史 × 6 272

只股票 ×30 个测试周期 ×10 最低成交量实验 ×30 ％ 止损价格实验 × 9

个前行优化 ＝ 2.944 55 × e^{16}

很显然，即使是 1 000 台计算机同时工作也会处理上很长时间。但是我不需要完成全部计算，因为我已经知道某些因素可以帮助我筛选：首先，买入档需要定位较高，比如数值在 90 ～ 99 之间，那么这就减少了 90 倍的计算量；其次，我又知道卖出档要低于买入档，但是最好数值高于 50，这又减少了 60 倍计算量；

最后，测试周期只需要多于几周即可，而不是整个区间。

为了缩减参数区间，以达到让实际操作中的前行优化不那么冗长乏味的目的，我先对每个变量的数据进行标准优化，并通过回顾买入档、卖出档、测试周期、止损百分率、最小初始成交量以及最小初始价格的历史，来找到更具体更小的区间用以最终优化。为了减少曲线拟合数据的几率，每一个参数都需要进行单独研究。如果我在单次运行中把全部参数组合运行一遍，这更有可能发生曲线拟合。此外，我使用统计抽样方法减少了前行优化中股票的数量。这些冗长过程丝毫不会影响结论，在这样的条件限制下，我可以把股票数降低到 95% 置信度和 3% 置信区间内。

自由度

统计学术语"自由度"(degrees of freedom) 用来描述一个统计测试的可靠度，它与所使用的数据的数量相关。它在这里的用法与其他各科学领域有所区别，本书中的自由度是指全部数据减去完成一套完整计算所需的数据，再加上为最终结果计算时所需要应用的规则数量。它代表着可以用作估测的有用数据数量。理论上表明，在统计研究中使用的数据越多，那么结果就越可靠。统计学家之间流传着一个笑话，由于每位丈夫只能有一个妻子，所以在妻子面前丈夫没有任何自由度，而丈夫可以通过增加对其他女人的兴趣提高自由度。

从自由度的经验法则上看，数据库最好不要低于 10 倍的计算和交易规则所需数据。在本次研究中，自由度最大为 380，也就是 376.5 天（最长测试周期为一年半，以每年 251 个交易日计）加上 3 个计算参数（相对强弱档、买入档和卖出档）。经验法则要求数据点至少是这个数字的 10 倍以上（3 800 个数据点）以满足自由度的规则。实际数字是 23 年乘以每只股票的 251 个交易日，也就是每只股票有 5 773 个数据点，这大约达到了最低要求的 1.5 倍。我使用每年 365 天而不是 251 个交易日的原因是，电脑不管是不是交易日都会把每一天都计算在内，这样它便可以把周数据按照每周 7 天的方式均匀地分布开。

本章后文中还会讲到，一旦测试周期区间可以被定义得更精确，那么自由度必然会降至 283，可用数据与所需数据的比值也会上涨 2 倍以上。

样本数据库大小

众所周知，股票市场方面的研究不可能达到精确。这种不精确性可以在不牺牲准确性的前提下减少计算数量。这与政治上的投票原理相似。即使总体中只有一部分人参与了投票，但是在一定置信度下的统计结果依然精确。表格 2—1 显示了标准 95% 和 99% 置信度下的不同置信区间。在我看来，95% 置信度和 3% 置信区间就已经让人满意了。这意味着我有 95% 的信心说计算结果的精确度误差可以控制在 3% 以内。作为一个样本，如果我找到一个能创造复合年增长（compound annual growth rate，CAGR）达到 24% 的系统，我就有 95% 的信心使将系统的收益提升到 24 +/- 0.72，也就是介于 23.28% 和 24.72% 之间。当然，使用样本数据的好处是降低了计算机工作量的 65%。因此，我调整了研究中的股票数量，从原先的 6 272 只减少到 1 002 只，也就是 95% 的置信度和 3% 的置信区间。随后我就可以在确保样本不影响结果的情况下，使用交易系统运行这样的数据库。

表 2—1　　　　　　　　　　总量为 6 272 只股票的样本大小

置信区间 / 置信度	95%	99%
1%	3 794	4 555
2%	1 737	2 501
3%	912	1 428

测试周期到底设置多长时间比较合适

测试周期（lookback）是算式中计算相对强弱比率时简单移动平均线所使用的时间。在我之前出版的图书中，我将测试周期默认为 26 周（6 个月），或 182 天。这个数字来自罗伯特·利维在相对强弱研究中所得出的结论。他在自己的书中也引用了这个结论，我决定在本书中也这样做。利维曾告诉过我，他对测试周期曾做过很多实验，因为结论对于计算盈利性最强的相对强弱比率至关重要。利维表示，他在工作中发现 26 周能够创造出最大盈利（当时没有考虑亏损风险）。虽然 52 周的结果也不错，不过效果不如 26 周的好。此外，一切低于 6 周的结果都是亏损的。换句话说，短线相对强弱数据所显示的结论是亏损。

为了使用 MAR（CAGR 除以最大回撤 MDD）作为目标函数来重新测试利维所建议的测试周期，从而调整回撤风险，我使用买入档和卖出档变量的原始参数，在测试周期参数介于 91 天和 546 天（13 周和 78 周）的区间运行了标准优化。这次优化涵盖了 1990 年 1 月 1 日至 2012 年 12 月 31 日期间和样本数据库中全部 1 002 只股票的价格数据。优化过程使用标准规则，也就是在特定相对强弱档位买入，在另外某个特定相对强弱档位卖出，并使用等量资金权重指数模拟出等权重的投资组合，最后策略取决于该指数在不同测试周期下的表现。优化过程一步步从测试周期的第一个周（91 天）直到 546 天，并制作出了等量资金权证指数 MAR 比率与每个不同测试周期的图。图 2—1 就展示了这一测试的重要结果。

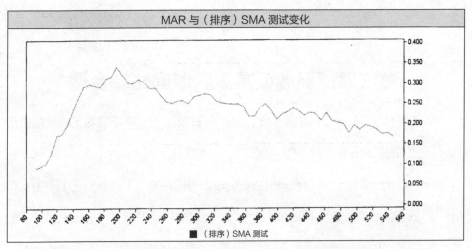

图 2—1 测试周期（从 91 天至 546 天）与 1 002 只股票 MAR 结果的生成图

注：股票价格数据取自 1990 年 1 月 1 日至 2012 年 12 月 31 日的数据。

图 2—1 显示出在 161 天(23 周)和 231 天(33 周)之间出现了一波快速上涨趋势，随后便开始缓慢降低。MAR 的峰值出现在 196 天（28 周）。与利维曾得出的结论如出一辙，短期测试周期的表现非常差。请注意，一些公开提供金融服务的机构在他们的计算中使用了短测试周期，很显然，他们犯下的错误证明了他们并没

有对此作出检验。

结果中"平滑峰值"的出现为以后的研究带来了不少便利。它意味着结果不容易受到变量参数变化的影响。这些结果显示在峰值周期处，MAR 对于测试周期的变化不大。尽管随着市场环境的变化，测试周期同样也应该产生变化，但是我对于实验结果能够基本保持不变很有信心。此外，图 2—1 中尖锐的波峰和波谷表示使用不用的参数会导致结果不稳定。也就是说，少量参数的变化会使整个组合的运行产生差异巨大的结果，这会降低系统的可靠性和稳定性。我们青睐于平滑的波峰。

股票买入档设置

买入档（Buy Rank）是指股票必须达到用以测量表现的等量资金权重指数要求、才能买入的标准。通常来讲，我使用 97% MAR 或以上作为买入档。图 2—2 显示了把 MAR 作为买入档在 90% ~ 99% 之间的运行结果。标准优化使用 1 002 只股票数据库，并保持卖出档固定使用 52%，测试周期固定使用 26 周。

我相信图表以及清晰地显示出系统优化的最佳参数区域。资金曲线图显示出相对强弱买入档的 MAR 从 90% 至 97% 之间出现了稳定攀升。97% 处出现了最佳结果，MAR 值达到了 0.34。如果之前有人对将相对价格强弱作为选股方式抱有怀疑态度的话，那么图 2—2 应该可以消除他们的疑虑了。这与某些相信买入弱势股票捡便宜的人的心态完全相反，不过毫无疑问，如果股票更强势，那么它会在经历回撤风险后有更佳的表现。而特例则会发生在股票的档位在 97% 以上时。98% 是 MAR 开始出现下滑之前的上限。因此，我使用 95% ～ 98% 的区间为排档系统运行优化。

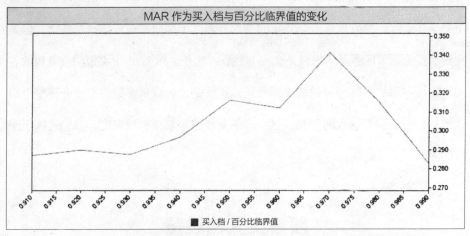

图 2—2 相对强弱买入档百分率从 20% 至 99% 对比 MAR 结果的生成图

注：1 002 只股票价格数据取自从 1990 年 1 月 1 日至 2012 年 12 月 31 日的数据。

股票卖出档巧设置

卖出档是指当股票低于该档位后必须从指数中剔除的档位。这是在确认买入档和测试周期稳定后进行的第一次优化，运行结果见图 2—3。图 2—3 显示峰值出现在 59%，区间约为 59% ～ 61%。图 2—3 中出现了几个不同的波峰，一个在低百分率的 50% 附近，另一个在高百分率的 79%。低百分率波峰受到股票下跌后无法恢复至原价位的影响，高百分率波峰则代表着有时股票被过早地抛出。 很显然，当股票第一次显示出走弱迹象时不宜马上卖出股票。当卖出档百分率达到

79% 以上时，系统的表现数据急剧下降。经常会有客户询问我为什么把买入档的数值设置得如此之低（我一直使用 52%），并好奇当第一次股票产生疲软迹象时便卖掉的效果是否更好。而图 2—3 表明了你继续持有疲软股票直到严重程度达到 50% 以下的原因。我使用的优化区间为 58% 至 61%。

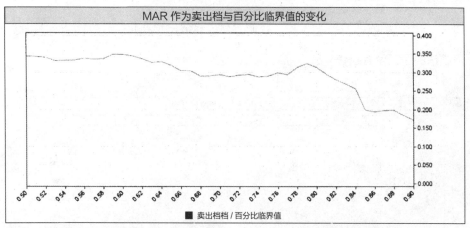

图 2—3 相对强弱卖出档百分率从 50% 至 90% 对比 MAR 结果的生成图

注：1 002 只股票价格数据取自 1990 年 1 月 1 日至 2012 年 12 月 31 日的数据。

在止损中到底使用多大百分比合适

止损百分比（percent stop）是当买入股票时设置的卖出委托单，它会在当股价从入场价算起下跌某个百分率时执行。它无法保护回撤，因为回撤通常是由一系列亏损引起的。然而，它的确把投资组合中具有破坏性的股票剔除以保护逐笔仓位的资本安全。之所以叫做"止损百分比"，是因为它限制了亏损额度，并为仓位决策提供了测量风险的方法。

可问题是，我们应该在止损中使用多大的百分比？百分比越大，股票涨回原价就越难。百分比越小，那么你很可能在股票发力时机成熟前就把股票卖掉了。因此，我们需要通过测试找出最佳止损点。图2—4显示了23年间止损百分比在0%至30%的全部交易的标准优化。我们看到该图形一直处于上升状态，没有明显峰值。止损百分比越高，MAR比率值就越高。但是，当我们把止损百分比测试像图2—5中所示的延伸到50%后，我们看到了峰值出现在止损百分比为42%处。但荒谬的是，没有投资者愿意等到亏损达到42%后才卖掉手中的仓位。

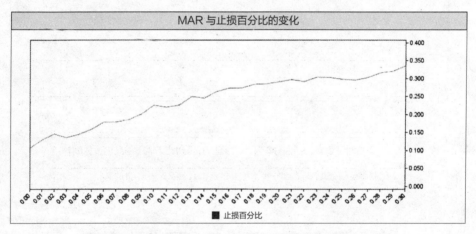

图2—4 个股止损百分比从0%至30%对比MAR结果的生成图

注：1 002只股票价格数据取自1990年1月1日至2012年12月31日的数据。

由于我们无法使用42%这样的数字，于是我们会试图把止损设置在合理的百分比，比如说20%。然而，有证据表明止损百分比无法为我们的交易表现提供帮助，因此，我们不会在模型中考虑使用。

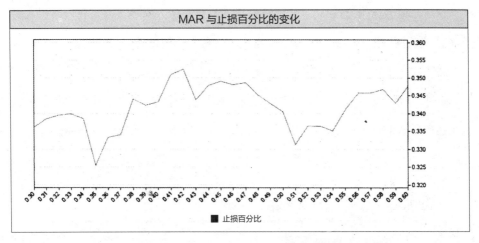

图 2—5 个股止损百分比从 30% 至 60% 对比 MAR 结果的生成图

注：1 002 只股票价格数据取自 1990 年 1 月 1 日至 2012 年 12 月 31 日的数据。

股票初始 50 日成交量

在初始的前行优化中，我把注意力都放在了模型的基础方面，也就是测试周期、买入档、卖出档以及止损。有时我们会使用其他额外限制以提高交易成绩，或令交易系统的实用性更强。对于初始成交量来说，实用性就是它所要考虑的因素。大多数机构和散户都不能购买卖仙股或成交量极低、流动性极差的股票。我们可以通过筛选的办法找到可以接受的成交量的最低值，这样一来，实用性问题就可以得到解决。但是还有一个问题会随之而来，那就是限制初始成交量是否会对交易结果产生负面影响。

我们不会选择购买低于成交量 10 000 股的股票，因为 MAR 在高于 10 000 股的表现要明显好于低于 10 000 股的表现。我们认为成交量低于 10 000 股的股票可以被模型所遗弃，并以此为筛选标准做最终优化。

对成交量进行限制的确是投资组合管理需要考虑的问题，因为我们在买入时要关注流动性的影响，投资组合可能会受到仓位大小的影响。但是图 2—6 显示，当成交量较小的时候，MAR 达到了最大值。MAR 峰值发生在 50 日均成交量 10 000 股时，随后开始衰减。我们也不会选择购买成交量低于 10 000 股的股票，因为 MAR 在高于 10 000 股的表现要明显好于低于 10 000 股的表现。我们认为成交量低于 10 000 股的股票可以被模型所遗弃，并以此为筛选标准做最终优化。

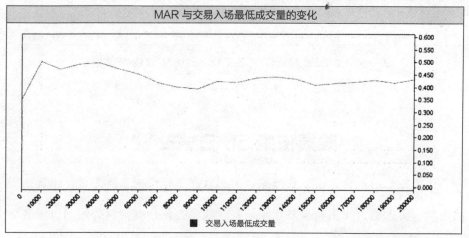

图 2—6　个股 50 日平均最低成交量从 0 股至 200 000 股对比 MAR 结果的生成图

注：1 002 只股票价格数据取 1990 年 1 月 1 日至 2012 年 12 月 31 日的数据。

股票初始 50 日平均价格

另一个要求入场时要考虑的限制因素是股票的最低价格。许多保证金要求股票价格必须达到 5 美元以上，此外，大多数机构投资者只能买入市值达到一定数额以上的股票。于是，本次研究中的实际问题就变成了是否要测试数据库中的全部股票，还是只是测试那些达到标准优化测试要求的价格的股票。图 2—7 显示了后者的测试结果。

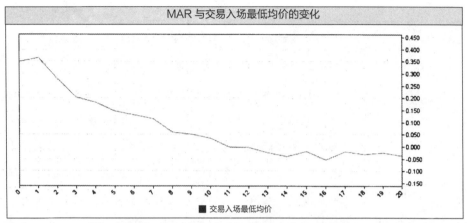

图 2—7 50 日最低平均价格对比 MAR 结果的生成图

注：1 002 只股票价格数据取自于从 1990 年 1 月 1 日至 2012 年 12 月 31 日。

当我使用经过增发和分红的换仓调整数据（back-adjusted data）时，电脑所采纳的是调整过的数据，而不是当时的实际价格。举个例子，微软的股价曾在 20世纪因调整而处于 60 美分左右，这样一来，任何过滤掉 1 美元以下的系统都会将其忽略。因此，图 2—7 中的结果具有欺骗性，因为它包含了像微软这样经历过换仓调整的股票。尽管如此，我们还是从结果中能看到最低股价过滤器的效果与交易结果相悖。从无价格过滤直到美股 20 美元之间，MAR 出现了稳定的下滑趋势。尽管这个结果包含着换仓调整问题，但结果还是能够表明如果机构投资者限制自己只买某个价位以上的股票，那么他们会面临着收益率的问题。他们成功的概率越来越低，当股价处于 1 美元下方时，MAR 还能够保持不错的水平，而当股价达到 11 美元以上后，MAR 便开始转为负值。因此，在前行优化的过程中，我对初始价格不会做任何限制。

　　我是否因过度优化参数而导致降低了成功找到相对强弱选股策略的几率？其实不是，本章的优化只是消除了那些无效的参数。我的目的是为最终前行优化降低运行时间，以找到可能存在的最佳选股算式。尽管很多分析师使用标准优化来寻找最佳参数，但是标准优化的最佳使用办法是消除那些可能无效的参数。如果一套参数在过去的表现中无法制造出令人满意的结果，那么它们在未来的表现也很可能不好。在消除了那些不盈利的参数后，我便有更大的几率找到合适的参数。通过使用数据库样本和7个主要变量标准优化的结果，我使每次前行优化的电脑运行时间从数千亿次计算降低到了1 300万次，并把结果控制在统计学的置信界限内。

KIRKPATRICK'S INVESTMENT AND TRADING STRATEGIES

Tools and Techniques for Profitable
Trend Following

第 3 章

有效改善投资收益：
市场择时和前行优化

本章所讲述的是如何利用前行优化来找到适用于任何策略系统的参数。在第2章中我们看到，当大盘重挫时，相对强弱选股系统也深受负面影响。我通过找到合适的市场择时模型，告知投资者何时应该使用相对价格强弱，以及何时离场以减小其影响。

市场择时

控制指数

在设计一套市场择时系统之前，我必须决定哪些指数会在择时中用到。与一些指数相比，买入后一直持仓也是一种判断交易系统结果的方法，但由于每个指数的表现都不尽相同，所以指数的选择也尤为重要。平时最常见的是与标普 500 的对比。然而对于投资组合来说，这个以个股市场资本总额计算的指数存在着严重缺陷。市场资本总额是由股价乘以总股数计算而得。也就是说，那些拥有股数更多、股价更高的公司对市场的影响力要大于股数少的小公司。投资者并不按照资本总额分配投资组合。大多数情况下，他们把投资资金在投资组合中等额分配。因此我放弃了使用标普 500 作为参照指数。

道琼斯工业指数（Dow Jones Industrial）通常在新闻和评论中代表着股市的整体表现，但是它也不是一个很好的投资组合参考指数，因为它是由股票的价格计算而得的。投资组合经理通常不会根据个股价格来建立自己的组合。大多数情况下，他们选择使用每只股票都用等量资金权重的方法来构建手中的投资组合。

在我所用于决策交易系统表现的公共指数中，最接近等量资金权重指数的是"价值线几何指数"（Value Line Geometric Index）。这个指数与我的指数算法近似，只不过涉及的股票数更少。因为它按照等量权重计算每只股票的价格变化，所以它的表现与标普 500 有着很大的不同。相对于标普 500 或道琼斯工业指数，它的构建与投资组合更加相像。当然，它也有缺点，那就是它的表现只能代表美国交易所中的一小部分。为了降低困难，我使用数据库中全部 6 272 只股票构建了等量资金权重指数。尽管你的软件也许做不到这一点，但你还是可以在最终市场择时模型中使用价值线几何指数。图 3—1 显示了指数之间的比较。

在图 3—1 中，请注意在同样的时间跨度内，两个指数的表现不同。数据库指数的收益要高于标普 500，并且波动率更低。然而波动率的缺失导致市场择时变得难度更大，因为它不如标普 500 那样可以找到易识别的大幅摆动。

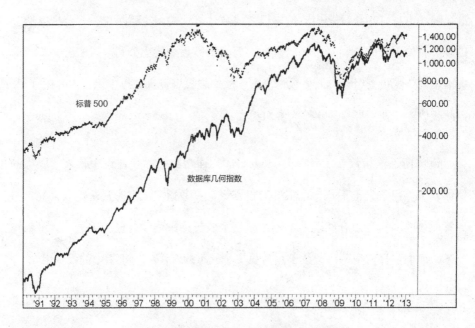

图 3—1　标普 500 指数与我的指数之间的比较

注：数据取自 1990 年 1 月 1 日至 2012 年 12 月 31 日的全部股票数据。

判断何时入场的工具：移动平均线

许多移动平均线的方法被用来决定何时入场投资股票，以及何时不要入场。大多数技术交易方法都是以移动平均线为核心的。

日均线通过计算找到了一段时间内的日级平均价格，并在走势图上以一条线的形式画出。

移动平均线消除或减小了在画长线趋势时的短线波动影响。其结果产生了比原价格走势更平滑的时间连续走势线。一条简单的移动平均线（我只使用这种）

是每日收盘价之和除以其中涵盖的总价格数。因此，一条 25 天的移动平均线为 25 个日收盘价格之和再除以总价格数 25，也称之为 25 日均线。当每天都画出这样的线后，这条线就叫做 25 日移动均线。在图 3—2 中，你可以看到几何价值线指数及其移动平均线。它显示出当价格不断上下扭曲摆动时，移动平均线如何把这些价格变得更平滑。

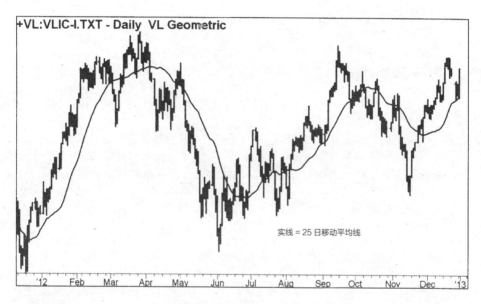

图 3—2 2012 年 1 月 1 日至 2012 年 12 月 31 日的价值线几何指数及其 25 日移动平均线

在移动平均线中只有一个可控变量，那就是观测结果的数量。随着观测结果数量的上涨，时间跨度也随之增加，移动平均线的特性就产生了变化。以下是可以用数学形式表现出来的变化。

1. 特定周期内的移动平均线可以把该周期及以下的周期性波动减少到 0，

也就是说，25日移动平均价把25天及以下的周期波动减小至0。

2. 由于短波动被减小至0，长时间跨度的主要波动在移动平均线上体现得更加明显。例如，我们可以从25日移动平均线上看到50日周期性波动，但是却看不到5日周期性波动。

3. 通过控制移动平均价的长度，我们可以达到消除某个时间跨度的周期性波动或强调数据本身的目的。

移动平均线交叉

在单独使用的情况下，移动平均线由于自身的性质作为择时指标的效果并不好，因为它们的反应过于缓慢。如果市场开始出现上行，那么一条25日移动均线则大约需要12天的时间来确认新方向。这种特质使它毁誉并存。它的缺点是信号滞后，而优点是它只会在市场上扬12天后才会确认上涨，并且新趋势会持续很久。因此对于长期投资来说，移动平均线的时间长度对于消除短线错误的趋势信号非常重要。

分析师们使用的一种判断市场趋势方向变化的方法叫做"斜率变化法"（change in slope method），它测量了移动平均线的斜率，并当斜率出现加速或减速现象时记录下信号。由于斜率变化不意味着趋势出现改变，顶多可能发出趋势变弱的信号，所以测量斜率会得到许多过早或者错误的信号。

当价格与移动平均线交叉的时候，趋势可能已经出现了转变。在图3—2中，你会发现当趋势转变时，股价已经与移动平均线在趋势改变的方向上相交叉。但是你必须要注意的是，不是每一次交叉都是一个趋势转变的信号。由于交叉假信号出现得十分频繁，使得交叉指标的可靠程度大大降低。然而，当短周期移动平均线在消除了短期内波动后再次与长周期移动平均线相交时，这种情况发生的频率便小了很多，而且它具有更高的可靠性。这种方法叫做"双移动平均线交叉系统"（dual moving-average-crossover system）。

双移动平均线交叉系统使用两条移动平均线：一条短时间长度的"快速线"和一条长时间长度的"慢速线"。快速线围绕着慢速线摆动，并在交叉时发出信号。这种双线交叉系统常见的使用方法是"金叉"（Golden Cross）和"死叉"（Death Cross）。当50日均线与200日均线相交并突破上方时，金叉代表了一个新的、上行中长期趋势的确认。当50日均线与200日均线相交并突破下方时，死叉代表着确认下行趋势。移动平均线交叉比简单的价格交叉发出错误信号的更少。

然而研究表明，以50日和200日移动均线作为参数并不能得出更可靠的结果。你可以从图3—3中看见一套错误的信号，事实上，如果你执行反向操作却可以得到更好的交易结果。从长期历史来看，交叉方法还是能起到作用的，可是效果却很一般。50日和200日这两个参数是在手动计算器的年代人们能够找到的尽可能合理的数值。从那以后，

从长期历史来看，交叉方法还是能起到作用的，可是效果却很一般。50日和200日这两个参数是在手动计算器的年代人们能够找到的尽可能合理的数值。

许多优化表明了不同市场间应使用不同时间跨度，并且与早期的50日/200日模型区别很大。

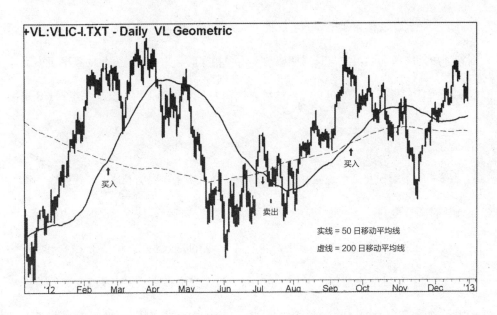

图3—3　2012年1月1日至2012年12月31日价值线几何指数上的金叉和死叉

　　在任何移动平均线交叉系统中，市场在某些时段很有可能会在快速线交叉慢速线时发出错误的信号。一个减少错误信号的方法是使用过滤条件（filter）。在双移动平均线交叉系统中，在慢速线上使用过滤器，以减少错误信号发生的频率。由于慢速线的振幅稳定且较小，过滤条件可以设置为比慢速线日常波幅稍大一些的数值。因此，当快速线突破经过过滤的慢速线时，这个交叉很可能就不是一个小震荡，而是一个可靠的信号。这种交叉系统叫做"过滤双移动平均线交叉系统"（filtered dual moving-average-crossover system）。

　　一个减少错误信号的方法是使用过滤条件，而另一种减少错误信号的方法是在系统中加入趋势强度指标。

　　另一种减少错误信号的方法是在系统中加入趋势强度指标。通常错误信号发生在弱趋势的价格震荡中。我倾向于使用 ADX（Average Directional Movement Index，平均方向性运动指标）来判断趋势的强弱。这个指标在本书第 6 章中会有更具体的介绍。它在不考虑趋势方向的情况下，通过连续价格变化的强弱决定。当它增大时，趋势也同时在增强。这是我们所希望见到的移动平均线交叉，而不是因为 ADX 下降就推论趋势正在减弱。虽然 ADX 的计算组成较为复杂，但重要的是，它只有一个变量构成，那就是测试周期。一套使用趋势强弱指标的交叉系统叫做"趋势过滤双移动平均线交叉系统"（trend-filtered dual moving-average-crossover system）。

　　最终调整过的移动平均线系统中包含两个不同的独立系统：一个是买入系统，一个是卖出系统。这样做的原因是，在交易市场中，价格顶部和底部的形态是完全不同的。顶部通常是渐进而圆滑的，很可能由于贪婪的关系，组成价格上涨的动力从头至尾都是缓慢渐进的。相对而言，市场底部倾向于形成陡峭的 V 型反转，原因很可能是由于恐慌要比贪婪发展得更加迅猛。如果一套交叉移动平均线系统经过了优化，那么它应该同时包含这两种不同的价格曲线形态，这样就不像只专注一种移动平均线系统那么精确了。因此，我认为，最佳移动平均线市场择时系统是" 双层趋势过滤双移动平均线交叉系统 "（ double trend-filtered dual moving-average-crossover system ）：一层移动平均线交叉系统为买入作优化，而另一层为卖出作优化。

> 最佳移动平均线市场择时系统是"双层趋势过滤双移动平均线交叉系统"。一层移动平均线交叉系统为买入作优化，而另一层为卖出作优化。

最后，我在系统中还进行了两处改进。第一处改进是额外增加使用了前进线（forward line，在第 7 章中会详细解释）。前进线是移动平均线的另一种形式，它画在价格前方，并有助于测量趋势的方向。当价格处于前进线上方时，趋势处于上涨行情。反之当价格处于前进线下方时，趋势处于下跌行情。如同移动平均线一样，它唯一的变量就是移动平均线的时间跨度，通常画在现价前方半个跨度周期位置处。使用前进线的原因是，有时双移动平均线交叉系统回程公式给出卖出信号，但是由于移动平均线的时间跨度不同，交叉产生的买入信号可能不会发生。当这种事情发生时，接下来价格的上涨趋势行情便会错过。因此，如果我使用前进线作为指标，在这种情况下，系统会在上涨趋势再度发生时生成买入信号。前进线的时间跨度也是优化的一部分。

第二处改进是额外增加了保护止损。这是根据入场价位的百分比设置的，也是可以证实买入信号出现明显错误的点位。它为错误信号提供了资金保护。这个百分比会在移动平均线的参数决定后，在最终交易系统中实施独立优化。

这个移动平均线交叉系统包含了 6 个寻找最佳参数的变量。每一个交叉部分都要求快速线和慢速线的时间跨度，以及使用在 ADX 计算中的测试周期。此外，前进线的时间跨度以及止损百分比也不可或缺。由于考虑到实用性，价值线几何指数作为等量资金权证指数的替代品，可以通过前行优化分析找到最终交叉系统的最佳参数。

前行优化和分析

前行优化包含两个主要步骤：第一个是优化本身；第二个是结果分析。

优化

我们在前面讨论过，前行优化以目标函数作为目标，在运行优化时保留一部分数据不使用，而用以测试前期优化的参数结果。最佳着手方法是遵循从 1985 年 1 月至 2012 年 12 月 31 日期间的价值线几何指数。我曾在前文中提过，这个指数与等量资金权重指数的计算方法相似，并将在第 4 章 中介绍用于寻找相对强弱股票系统的参数。我用来衡量系统成功与否的目标函数是 MAR 比率，它是由优化期间的复合年化增长百分率 (CAGR) 除以最大回撤百分率（MDD）得来的。

根据 TradeStation(www.tradestation.com) 的前行优化方式，第一步是计算出生成最高 MAR 值的参数。在这个优化中，我们为 6 个变量、4 个移动平均时段以及 2 个 ADX 测试周期，采用了 28 年间的每日数据点（或者 10 220 天）。这总共约需要 4.665e+16 次计算。我并没有对每一个参数的可能性都进行运算，而是使用了基因算法。我们假设优化会自我繁衍出问题，系统经过一代一代的筛选，会刨除最差目标函数结果并保留最好结果。这种方法节约了电脑运行时间，因为它可以消除很多无价值的参数，并不会再重新使用它们。它专注于在全部数据中找到最合适的 MAR 比率，并只保留了约 90 000 组有可能适用的参数组合。随后我通过前行优化运行这些参数。

我们在第 1 章讨论的标准优化通过运行一段时期数据的结果，达到了测试一个理论系统是否可能的目的。通过在大量参数中寻找盈利的结果，优化可以告诉我们系统在未来的盈利概率，以及消除掉那些明显不靠谱的参数。通过这种方式，标准优化简化了模型研发的步骤，并减少了潜在可行的参数的数量。然而它却无法给我们制造出一套信赖度高的系统，因为它既不能根据不同时期的市场表现不同进行自我调整，也不能告诉我们结果在未来的市场中能否真的赚钱。为了获得以上信息，我们需要使用一种能够连续测试系统在不同时期和市场条件下适应性的优化方法。我们使用那些没有在优化中用的新数据，并对这些时间段的结果进行测验。对于那些在优化中使用的数据，我们称之为"样本内数据"（IS, in-sample data），而对于那些用以后期测试的数据，我们称之为"样本外数据"。样本外数据总是要与样本内数据分离开，否则测试结果会被曲线拟合所干扰，测试将无法代表每次优化的真实结果。

前行优化是使用经标准优化前期筛选过的 90 000 组参数，以寻找测试期间最适合系统的一组。比如说，测试阶段总共包括 10 000 天，那么第一个 1 000 天就是我们的样本内数据，我们通过标准优化，找到这 1 000 天内最适合目标函数的参数，再用接下来的 500 天数据当作我们的样本外数据。这个结果应该被记录下来，以便以后分析使用。随后我们从第 500 天开始，取接下来 1 000 天数据运行第二次优化，并使用之后的 500 天样本外数据测试结果。图 3—4 简单地展示了只包含 4 次运行的前行优化过程的简单原理。我们注意到，每次运行中都没有样本外数据涉入优化中。全部样本外数据测试结果都要被记录下，并为后期所用。整个数据库都应用这个过程。每一次运行都会与早期的数据部分重合，不过在优化中，样本外数据是不会与样本内数据相混淆的。

在前行优化之后，全部样本外数据测试结果总结如表 3—1 所示。表 3—1 中总结并列出了评估前行优化分析成功与否的标准。只有每个要求都通过的系统才会考虑作进一步分析。

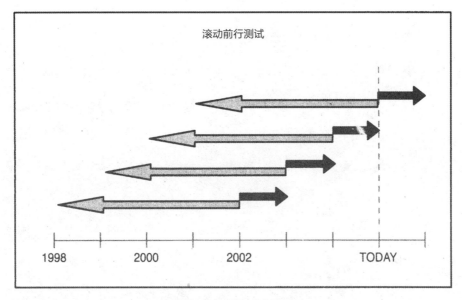

图 3—4　滚动前行优化过程图

资料来源：www.TradingBlox.com。

图 3—4 是一个滚动前行优化的过程，从初始数据开始，数据段就不断地滚向下一个数据段。左向箭头棒代表样本内数据标准优化。右向箭头棒代表样本外数据对先前标准优化所得的参数进行的测试。每次测试中所得出的统计都会被保存下来以在将来为分析所用。每次运行优化（左向箭头棒）时不会使用到样本外

数据（右向箭头棒）。因此，每次样本外数据测试的结果就是对于优化的未知数据的真实检测。

表 3—1 展示了系统稳定性的 5 个基本要求。这份列表是 TradeStation 对于成功前行优化的总结结果。表格标题中标明优化中样本外数据的百分比（10%）以及成功运行数据的次数（5）。标准如下：

1. **整体盈利性**。系统在样本外测试中证实盈利；

2. **前行有效性**。大于等于 100%，也就是说样本外数据年化收益比样本内数据的年化收益高。这是一个非常好的现象，因为只要数值达到 50%，我们就认为系统在使用未来数据时依然生效；

3. **持续性** 。至少 80% 的样本外数据在运行后被证明是盈利的，意味着盈利性不仅局限于几次运行而已；

4. **分布** 。没有单笔超过总利润 70% 的运行，也就是说利润被均匀地分布在整个优化中。它适用于市场的不同情况，而不是在特定条件下产生暴利；

5. **最大影响交易**。这是用于测量运行中单笔最大影响交易与其他全部交易之间的关系。它用来防止系统中出现单独一笔交易完全掩盖其他交易的情形发生。盈利结果不均匀可能是异常现象。

表 3—1 一次通过了稳定性基本要求的前行优化样本结果

前行优化结果分析：			
样本外数据 = 10%，运行次数 = 5			
符号：+VLVLIC-I.TXT_ 每日		策略：最终测试	
	测试标准	结果	备注
1	整体盈利性	通过	整体利润 >0。系统在面对未知数据时具备盈利的可能性。
2	前行有效性	通过	前行有性 >=100%。系统在未来很可能表现得至少像在优化中一样成功。
3	持续性	通过	80%+ 前行运行时盈利的。系统很有可能在未来取得成功。
4	分布	通过	没有单次超过总净利润70% 的运行。
5	最大影响	通过	没有单次运行使得累计资金出现 20% 以上的回撤幅度。
	整体结果	通过	前行有效性 >=0%。系统很有可能在未来取得成功。

注：双层过滤双移动平均线交叉系统使用价值线几何指数，对每日收盘价前价格进行优化所得参数组进行的初始分析。

资料来源：TradeStation

　　在市场择时优化中，出现了 4 套符合稳定性标准的系统。一旦这些"最终入围"的候选系统确立，我就通过计算分析它们的盈利潜力，并且在市场择时模型中选出最适合的系统。表 3—2 中展示了这些系统的一些额外统计数据。

表 3—2 价值线几何指数中通过系统稳定性基本要求的 4 套市场择时系统的结果总结

	从 1985 年 1 月 1 日到 2012 年 12 月 31 日价值线几何指数每日数据				
	优化统计数据				
	系统编号	1	2	3	4
1	运行次数	5	5	10	10
2	样本外数据百分率	10%	15%	20%	25%
	变量参数				
3	买入快速移动平均线	6	8	4	6
4	买入慢速移动平均线	28	20	28	28
5	买入 ADX 测试	6	6	6	6
6	卖出快速移动平均线	15	15	15	5
7	卖出慢速移动平均线	51	51	51	31
8	卖出 ADX 测试	5	5	5	36
9	前进线时间跨度	15	18	17	15
	样本外数据结果				
10	初始资金	100 000 美元	100 000 美元	100 000 美元	100 000 美元
11	样本外数据年化净利润	11 721 美元	7 985 美元	7 763 美元	9 881 美元
12	样本外数据复合年化增长百分率	10.73%	10.26%	10.43%	12.10%
13	样本外数据交易次数	34	35	36	45
14	样本外数据盈利交易次数百分率	61.76%	60.00%	55.56%	55.56%
15	样本外数据最大回撤百分率	35.95%	31.55%	27.85%	25.26%
16	运行盈利百分率	80%	80%	80%	80%
17	盈利因子	5.05	4.32	4.68	4.31
18	MAR	0.30	0.33	0.37	0.48
19	前行有效性	130.55%	74.78%	67.43%	66.65%

注：它们很有可能在将来制造出比其他系统更好的交易结果。

第 1 行和第 2 行是测试参数。每一套系统都是预留出用以测试的特定百分率的样本外数据后，在不同参数组合下运行出来的。通常来说，如果一套系统在多次运行后证实每次运行都只产生为数不多的几笔交易，甚至没有交易，那么其交易统计数据便无法令人信服。对于市场择时优化这种问题，由于我已经预期到了交易次数不会太多，所以我认为 5～10 次优化运行后就可以得到可信度高的结果。

从第 3 行至第 9 行是每个模型在前行优化后未来可能使用的最终参数。它们在左列中被列出来。参数部分下方是测试结果。这些计算全部都是使用的样本外数据。

对表 3—2 中第 10 行至第 19 行的结果统计数据的解释如下。

10. **所有优化的初始资金都设置为等同的 10 万美元**。这是系统在优化开始前所假定的初始值。

11. **样本外数据年化净利润（OOS Ann NP$）**。它被用来在系统之间做比较，能够直观地看到哪一套系统的盈利能力最强。它只能够体现出系统的盈利能力，却无法反映出系统风险。以上 4 套系统中，1 号系统的盈利能力最强。

12. **样本外数据复合年化增长百分率（OOS CAGR）**。它是与第 15 行的MDD% 共同计算出 MAR 比率的分子部分。这是用以评估特定系统算式最重要的数字之一。以上 4 套系统中，4 号系统的样本外数据复合年化增长百分率最高。

13. **样本外数据交易次数（OOS #Trades）**。它是系统运行样本外数据时生成的交易次数。为了确保统计学可靠性，我们的最低要求是 30 笔交易。全部 4 套系统都达到了这个要求。

14. **样本外数据盈利交易次数百分率 (OOS Trades Prftbl)**。它是样本外数据全部交易中，盈利次数所占的百分比。对于在大趋势出现前经常产生小额亏损的移动平均线交叉系统而言，盈利交易次数百分率非常重要。盈利交易次数百分率越高，那么出现大幅度回撤的风险就越低。1号系统拥有最高盈利交易次数百分率。

15. **样本外数据最大回撤百分率（OOS MDD%）**。所有的系统都显示出最大回撤达不到我的20%的标准。其中4号系统拥有最低最大回撤百分率。

16. **运行盈利百分率（%Profitable Runs）**。它是全部样本外数据运行测试中盈利的次数。这个百分率越高，说明系统在不同市场情况出现时整体表现得越好，也就是说它在面对未来市场不同情况时的调节适应能力越强。通常最低标准为50%，而80% ~ 100%则代表着系统拥有着高稳定性。4套系统的运行盈利百分率均为80%。

17. **盈利因子 (Profit Factor)**。它是纯盈利与纯亏损的比值。这个数值应该大于1，否则系统是亏损的。1号系统拥有最高的盈利因子。

18. **MAR**。它是复合年化净利润与最大回撤资金的比值，也是我所有优化的目标函数。4号系统拥有最高的MAR比值，因为它的回报高，回撤小。

19. **前行有效性 (walk-forward efficiency ,WFE)**。它是样本外数据符合净利润与样本内数据符合净利润的比值。它是测试中最重要的结果，因为它能够对系统如何应对未知数据作出质量评估。从经验法则上看来，系统在实际操作中的表现至少优于WFE的一半。WFE大于100%的系统就会被认为是优秀的交易系统。1号系统拥有最高WFE 130.55%。

为了判断哪套系统是最佳系统，我主要考虑以下两个因素：前行有效性(WFE)和MAR比率。由于MAR是目标函数，因此它占据着更高权重。从表3—2中，我们可以得知，1号系统和4号系统的表现最佳。由于它们之间一个拥有较高

MAR，另一个拥有较高前行有效性，因此，我决定先为止损百分率运行一次前行优化，并根据这些结果决定最终使用哪个市场择时模型。

止损百分率

由于最终模型的估计最大回撤率介于 25% 至 35%，我为每一套模型都做了止损百分率优化。表格 3—3 中的数据展示了本次优化的结果。毫无疑问，在引入止损百分率优化后，4 号系统的表现在各方面均优于 1 号系统。

表 3—3 对 1985 年 1 月至 2012 年 12 月 31 日期间的价值线几何指数的趋势调整双移动平均线交叉系统经过止损百分率优化调整过的总结

	1 号系统	4 号系统
保护止损百分率	5.67%	8.87%
净利润	238 761 美元	448 772 美元
复合年化增长百分率	10.56%	15.42%
最大交易回撤百分率	11.96%	8.57%
MAR	0.97	1.80
前行有效性	99.94%	175.13%

对比而言，买入并持有价值线几何指数的复合年化增长百分率为 3.19%，同时最大回撤率为 69.8%。通过对 4 号系统使用保护止损百分率，最大回撤从 25.26% 降低至 8.57%。但与此同时，盈利交易百分率也从 55.56% 轻微地降至 51.43%，因为一些交易与止损价格十分接近。此外，复合年化增长百分率增长到 15.42% 的原因是一些亏损交易可以得到及时消除。MAR 上涨到了 1 以上，并且前行有效性也远高于我们的标准数字 1。总而言之，保护止损为一套盈利系统提供了显著改进。

你在本章中看到了我是如何通过使用前行优化开发出市场择时系统的。初始参数必须定期地重新优化以适应市场情况的变化。在第4章中，我们将会看到这套市场择时系统与选股系统结合使用。系统的目的是根据大盘整体强弱给出相应的选股信号。它倾向于通过以下两方面降低大幅回撤出现的可能性：1.为了应对整体市场下挫而清空仓位；2.当选股指数由于排档或比率等方面因素应该停止买入新股时，系统会发出相应信号。因此，它应该使选股系统的资金曲线变得更平滑、提高复合年化增长百分率，并在系统自身成长的过程中减少振荡。

KIRKPATRICK'S INVESTMENT AND TRADING STRATEGIES

Tools and Techniques for Profitable
Trend Following

|第 4 章|

选股的最佳方法：相对强弱法

几乎在我的整个投资生涯中，我发现无论投资还是交易的最佳选股方法都是根据相对强弱方法选股。我所谓的相对强弱，指的是一只股票在一段时间内与其他股票价格走势强弱的比较。一直以来，我见过大量的学术界和业内的文章和书籍都证实了它拥有高概率，并持续跑赢华尔街。毫无疑问，这种方法是非常有效的。

可问题是，你如何才能通过计算，把强势股自身固有的特性转化为利润带给投资者。我一直使用的利维经典方法是为个股收盘价与 26 周移动平均线的比值排档。我的目的是优化

几乎在我的整个投资生涯中，我发现无论投资还是交易的最佳选股方法都是根据相对强弱方法选股。我所谓的相对强弱，指的是一只股票在一段时间内与其他股票价格走势强弱的比较。

并为股票的最佳买入档和卖出档定量，这也是我第一本书《战胜市场》（*Beating the Market*）的主题。现如今，随着更多现代优化方法的介入，我早期的做法也可以得

到改进了。

当前进度与回顾

首先，我们回顾一下本次选股研究的进度。到目前为止，我们的分析主要都是经过标准优化而来的。但是这种方法有着显而易见的缺点，即它无法告知我们所得模型在未来的表现。它所告诉我们的信息只能帮助我们在考虑范围内剔除掉无价值的变量和参数，而与模型未来交易表现无关。在淘汰了无用参数和变量之后，我们下一步就是要对剩下的变量和它们的参数作前行优化。经过对这些结果的分析，我们便得出一套比较可靠的、能够在未来盈利的模型。

在第 1 章中，我们使用标准优化得出的最佳排档系统有着 196 天测试周期，97% 相对强弱买入档，以及 59% 卖出档。这与我早期的 182 天测试周期，97% 买入档，52% 卖出档算式有着少许出入。然而这依然是一个理想的结果，因为它在标准优化中创造出了最佳交易成绩，只不过它还不是最终算式。它能够告诉我在前行优化中所追求匹配的 MAR、复合年化增长百分率以及最大回撤百分率的级别。我们所得出的具备稳定性的系统，其实不见得比标准优化曲线拟合得来的系统表现得更好。通过微调时间跨度进行优化以应对特殊市场时期，前行优化有一定机会使模型得到改进，但是整体结果不大可能比标准优化的理想系统更出色。

除了曲线拟合系统外，前行优化也必须好于买入数据库中全部股票并长期持有的策略。也就是说，投资者在不使用任何交易系统的情况下，只是在数据库中选股，并在 1990 年 1 月 1 日买入持有到 2012 年 12 月 12 日。表 4—1 展示了 3 种不同方法在前行优化匹配之前的表现统计数据。

我们的最低要求是至少达到第 2 章中曲线拟合标准优化的系统水平。研制出一套水平相当或更好的系统是我们当下面临的挑战。26 周、97% 买入档和 52% 卖出档的老方法依然是一套经过实际操作推敲过的优秀交易系统。

表 4—1　　　　标准优化系统与纯持股系统的表现技术统计对比

	标准优化（理想模型）	买入并持股	我早期作品中的老方法
复合年化增长率	22.58%	3.76%	19.45%
复合年化增长率	62%	49.5%	62.3%
MAR	0.36	0.076	0.31

我们在第 3 章中讨论过，以上这些系统不具备但前行优化却拥有的止损百分率、初始成交量、初始价格以及市场择时模型。使用止损百分率或初始价格无法为标准优化提供任何帮助，因此，我把它们排除在了考虑范围之外。从理论的角度来看，它们所产生的交易结果还是挺有意思的，但是对于理想相对强弱选股模型来说却毫无用处。唯一对交易结果有重要影响的变量是初始成交量。成交量超过 10 000 股和 50 日移动平均线结合会使交易结果出现大幅飞跃。由于比 10 000股更大的成交量对结果的影响不再明显，我们不必再对它作出优化，在前行优化中把它当成常数看待即可。

一种更简单的选股方式

我惊奇地发现，为标准排档方式的 3 个参数作前行优化其实是没有必要的。收盘价与移动平均线的比率与排档系统的表现相差无几，但是对于普通投资者来说，这种方法要容易操作得多。你不再需要为数千只股票做排序，而只需要一张电子表格就可以计算出比率，并做出买、卖或持有的决定。

除了大量数据和繁琐过程，排档方法面临的主要难题是，无论大盘上涨还是下跌，它都按照同样的相对强弱标准执行。也就是说，在下挫的大盘中排档最高的股票即使出现了下跌，也会因比其他股票跌得更少而被选进投资组合中。在大盘下挫之前买入强势股，这为市场择时系统所发出清仓离场信号之前提供了一定程度的缓冲。但是当市场大幅下挫之前，这种投资组合的资本亏损风险依然不小。传统保护投资组合仓位的方式是为每只股票都设置移动止损。在标准优化中测试过保护性止损后，我发现它们在限制最大回撤方面的表现并不尽如人意。其原因是，当一只股票被从投资组合中删去后，通常接下来的做法是买入另一只满足买入标准的股票。即使对于相对强弱系统来说，投资经理在大盘下挫之前买入股票也意味着把股票买在了最差的时间上。

> 在大盘下挫之前买入强势股，这为市场择时系统所发出清仓离场信号之前提供了一定程度的缓冲。但是当市场大幅下挫之前，这种投资组合的资本亏损风险依然不小。

长期以来投资经理一直要面对的问题是，当股票卖出后，他应该怎样处理手中的现金。尤其是你看到很多投资组合中的股票是因止损而卖出时，你如何得知应该让自己手中的资金闲置？还是应该把资金重新投资到达到相对强弱买入档要求的股票身上？令人吃惊的是，这个问题的答案竟然是直接使用收盘价与移动平均价的比率。通过这种方式，我们总是可以选中强势股，也就是在不排档的情况下基本满足了强势股保持强势的理论验证。在市场周期中，当大盘上扬时，很多股票都能达到买入的比率要求。在市场见顶后，许多之前强势的股票开始出现下跌，因此这种方法既限制了选股数量，也会在大盘不再上涨时发出警告信号。Chartcraft 公司 (www.investorsintelligence.com) 数年来一直在计算高于它们 10 日和 30 日移动平均线的股票数量，并以此数据作为市场择时系统来判断大盘是否改变方向。

通过直接使用收盘价与移动平均价的比率这种方式，我们总是可以选中强势股，也就是在不排档的情况下基本满足了强势股保持强势的理论验证。在市场周期中，当大盘上扬时，很多股票能达到买入的比率要求。在市场见顶后，许多之前强势的股票开始出现下跌，因此这种方法既限制了选股数量，也会在大盘不再上涨时发出警告信号。

变方向。通过仅使用比率而放弃排档，可以避免投资在那些仅比其他股票表现好却不能给你带来收益的股票身上。

这套系统的另一个好处是便于计算。我们所需要的只是买入比率、卖出比率以及移动平均线的时间跨度。任何拥有一张电子计算表的人都能够通过计算为股票做出买、卖或者持仓的决策。他们不需要通过复杂的计算找出几千只股票的比率，然后再进行排序。这套系统只要使用比率本身就足够了。

前行优化

无论是排档方法还是纯比率方法，它们都需要通过测试找到最佳参数，随后再测试系统稳定性（该系统在未来继续有效的概率）。我已经在前文中不厌其烦地反复强调过，我倾向于使用前行优化作为最终决策。前行优化不需要等待未来交易结果来验证参数的可行与否，而是通过使用未包含在优化中的数据来模拟未来，并在这个过程中为系统做出一系列可以为真实市场做调整的优化。以下是对排档系统和原比率系统的前行优化总结。

排档系统

前行优化为 3 个所选变量寻找稳定性最强的排档系统。这些模型所涵盖的 3 个变量为：测试周期、买入档和卖出档。此外，它们还有一个成交量必须在 10 000 股以上的约束。优化并不包括第 3 章所介绍的市场择时系统。3 个稳定性最强的排档系统如表格 4—2 所示。

表 4—2 　　　　　　相对强弱排档系统最终前行优化结果

序号	1	2	3	
运行次数	5	20	20	
样本外数据百分率	30%	20%	30%	
样本内数据	2 673	1400	878	
样本外数据	1146	350	376	
测试周期	175	182	210	测试周期
买入档	98	97.5	97	排档系统买入
卖出档	59	58	58	排档系统卖出
样本外数据测试结果				
初始资金	100 000 美元	100 000 美元	100 000 美元	标准
年化净利润	384 224 美元	581 202 美元	733 563 美元	
年交易次数	76	68	63	>30
复合年化增长百分率	30.93%	28.94%	28.40%	>20%
最大回撤百分率	57.76%	54.72%	37%	<50%
盈利交易比率	100%	70%	80%	>50%
夏普	0.96	0.78	0.89	>0.80
MAR	0.54	0.48	0.49	>0.50
R^2	0.90	0.83	0.87	>0.80
前行有效性	2.58	8.6	13.79	>1.00

注：相对强弱排档选股模型的前行优化以及分析，1 002 只股票取自 1990 年 1 月 1 日至 2012 年 12 月 31 日的数据。

表4—2与表3—2相似，它展示了模型的参数以及验证系统未来稳定性和可靠性的测试结果。我们对于参数级别的要求如下：

- **年化净利润（Ann NP$）**。代表样本外数据年化净利润结果。这个数值越高越好。这个数据与样本内年化净利润所除的结果决定了前行有效性（WFE）。

- **年交易次数（#Trade/Ann）**。代表样本内数据每年所生成的交易次数。这个数据应该大于30，而且所有的系统都应该满足这个要求。

- **复合年化增长百分率（%CAGR）**。代表用以测试优化的样本外数据的回报率。为了匹配标准优化的结果，这个数字应该至少达到22.6%。以上系统全部达标，其中1号系统甚至超过了30%。

- **最大回撤百分率（MDD%）**。代表样本外数据运行时系统的资金最大回撤百分比。在研究个股表现时，我可以通过设置保护止损轻易地达到这个要求。然而在第2章中，我们看到个股的保护止损实际效果并不明显，而作用于整个投资组合的保护止损的效果却不错。在本次测试中，最大的回撤是由大盘调整引起的，而不是因选股系统本身。我们在第3章中创造的市场择时模型会在大盘出现下跌时尝试关掉整个交易系统。本章接下来将会更多地介绍稳定系统中所包含的市场择时模型结果。

- **最大单次运行利润比率（Largest Prft Run%）**。代表单次运行中最大盈利总利润的百分比。这个数据很重要，它能够检测出系统的异常，从而证明最终系统主要的利润不是因单一某笔交易造成的。最大单笔盈利不应该超出总盈利的50%。以上系统中只有2号系统达到了这个要求。

- **盈利交易比率（%Runs Profitable）**。它代表着在优化的全部运行中，盈利交易次数所占的比率。这个数字越高越好，因为这可以证明系统在不同市场环境下都有效。标准参照数据是50%，但是我倾向于它能达到

80% 以上。这些系统都能达到 65% 以上。

- **夏普（Sharpe）**。代表夏普比率，也就是投资回报与波动率之比。投资组合经理们以及做金融理论的人普遍喜欢这个比率。但是我并不认为它有多大价值，因为它把波动率当成了风险看待，而事实却不是这样的。在这次研究中，由于不考虑做空的情况，它的参考价值便得到了更多的体现。

- **MAR**。代表复合年化收益与最大回撤的比值。这个数字最好能够大于 1，大于 0.50 也是可以接受的水平。在本次优化中，虽然所有模型都受到了市场大幅下挫的影响而表现不佳，但是依然在 3 个系统中存在着 1 个系统数值大于 0.50 的，并且另外 2 个系统的数值也十分接近标准线。

- R^2。显示了样本外数据结果的资金曲线与原资金曲线从开盘到收盘的线性回归关系。从它身上可以看出系统结果是否稳定，或是否需要调整。如果回归呈完美线性关系，那么该数值应该为 1.00。如果二者之间毫不相关，那么该数值应该为 0.0。系统稳定性对该数值的最低要求为 0.70。全部系统都达到了这个标准。

- **前行有效性（WFE）**。它代表样本外数据年化回报率与样本内数据年化回报率除商，是这份表格中最重要的统计数据。它衡量了系统在样本外数据测试中复制样本内数据优化的能力。当数值大于 0.50 时，就认为该系统的稳定性尚可，最好能够大于 1。

有的分析师使用其他比率来验证系统最大回撤到底是极特例的情况，还是具有较高发生频率的现象。我在自己的分析中不这样做，因为最大回撤很可能是由市场环境所造成的，因此，我们无法在系统中对它进行彻底修正。

我选择 3 号交易系统作为最稳定的选股系统。它拥有最小的最大回撤、最低单笔盈利在总盈利中的比率、最高盈利交易比率，以及最高的前行有效性。

原比率系统

在不做排档而只看比率的情况下做同样的分析，我发现它虽然不如排档系统好，但是它的表现依然达到了标准优化的底线，而且更便于计算。这使得原比率系统对于个体投资者来说，是一套很好的为自己的投资组合选股的系统。个体投资者没必要花费不菲的费用购买排档，因为原比率系统的表现依然超过主流平均交易成绩。表4—3显示了4套最佳原比率系统的前行优化以及相关统计数据。

表4—3 原比率系统的最终前行优化结果

序号	1	2	3	4	
运行次数	10	10	20	20	
样本外数据百分率	20%	30%	20%	30%	
样本内数据	2 400	1 589	1 400	878	
样本外数据	600	681	350	376	
测试周期	406	406	413	427	测试
买入比率	1.42	1.41	1.47	1.47	排档系统买入
卖出比率	1.04	1.04	1.03	1.04	排档系统卖出
样本外数据测试结果					
初始资金	100 000 美元	100 000 美元	100 000 美元	100 000 美元	标准
年化净利润	217 355 美元	405 235 美元	362 504 美元	389 290 美元	
年交易次数	117	110	93	88	>30
复合年化增长百分率	24.54%	26.21%	24.84%	23.80%	>20%
最大回撤百分率	47.87%	53.61%	47.28%	52.89%	<20%
最大单次运行利润比率	38%	53%	33%	28%	<50%
盈利交易比率	90%	80%	80%	85%	>50%
夏普	0.82	0.91	0.86	0.85	>0.80

MAR	0.46	0.49	0.46	0.40	>0.50
R2	0.92	0.91	0.89	0.85	>0.80
前行有效性	7.02	7.95	7.42	10.93	>1.00

注：相对强弱价格比率选股模型的前行优化以及分析，1 002 只股票取自 1990 年 1 月 1 日至 2012 年 12 月 31 日的数据。

经过前行优化，我认为 4 号系统是原比率系统中稳定性最高的。这 4 套系统的表现都不错。个体投资者可以绕开繁琐并昂贵的排档系统，而使用这个算式选股。我之所以选择 4 号系统是因为它拥有最高的前行有效性。此外，它的交易次数很少，意味着利润来自较少的交易次数。可是与此同时，它的最大单次运行利润率也很低，也就是说利润并不是因一段时间或单笔交易所产生的。除了前行有效性以外，4 套系统之间在其他方面的区别并不显著。理论上它们都应该在未来具备稳定盈利能力。

排档系统为相对强弱选股提供了附加价值。在不使用排档而仅使用比率的情况下，也可以得出近似的交易结果。表格 4—4 显示了两种不同方法之间的重要对比。它们之间的统计数据区别很大，但是又能够同时优于其他投资方法。最佳排档系统的年化收益是 28.4%，而最佳原比率系统的年化收益为 23.8%。你自己的投资能够达到这个水准吗？如果你在为自己的投资组合寻找计算简单的选股系统，那你大可不必为了这轻微的收益差异而去繁琐地计算出所有股票的比率，然后再根据强弱与否进行排序。如果有人只对几只个股感兴趣，那么计算收盘价与 427 日历天数（61 周）的比率是一件很容易的事情。买、卖决策也同样简单得多，也就是当比率大于 1.47 时买入股票，当比率低于 1.04 时卖出。

表4—4 10 000 股成交量限制的前提下，排档系统和原比率系统的最终前行优化结果

系统	排档	原比率	
运行次数	20	20	
样本外数据百分率	30%	30%	
样本内数据	1 589	1 589	
样本外数据	681	681	
测试周期	211	428	测试周期
买入比率	97	147	排档系统买入
卖出比率	58	104	排档系统卖出
样本外数据测试			
初始资金	100 000 美元	100 000 美元	标准
年化净利润	733 563 美元	389 290 美元	
年交易次数	63	88	>30
复合年化增长百分率	28.40%	23.80%	>20%
最大回撤百分率	56.02%	52.89%	<20%
最大单次运行利润比率	37%	28%	<50%
盈利交易比率	80%	85%	>50%
夏普	0.89	0.85	>0.80
MAR	0.49	0.40	>0.50
R2	0.87	0.85	>0.80
前行有效性	13.79	10.93	>1.00
达到标准的个数	8	8	

注：比较原比率与排档选股模型的前行优化以及分析，1 002 只股票取自于 1990 年 1 月 1 日至 2012 年 12 月 31 日的数据。

市场择时系统的引入

当我把第 3 章中得出的市场择时模型加入到交易系统中后，由于投资组合不再深受 2000 年—2009 年期间大幅回撤的影响，交易结果得到了显著提升。图 4—1

展示了经市场择时系统调整过的排档系统、等量资金权重指数、价值线几何指数，以及标普 500 指数的合并走势图。

我之所以加入了标普 500 指数是因为它常常被共同基金以及其他投资组合用做比较参考。从图 4—1 中我们可以看到，它用作参考比较的效果其实不怎么样。标普 500 指数和价值线几何指数都由大市值股票组成，我在市场择时模型中使用价值线几何指数的原因是，它的构成与我用作比较的等量资金权重指数相似，但是这两个指数都落后于市场整体价格表现。等量资金权重指数代表着全部股票的变化情况，而不是大市值股票。

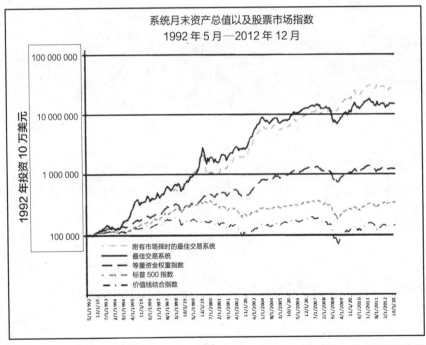

图 4—1 最佳相对强弱排档系统、市场择时系统、等量资金权重指数、价值线几何指数
以及标普 500 指数的合并走势图

注：横坐标所取时间为 1992 年 5 月 28 日至 2012 年 12 月 31 日。

在第 3 章中我们把价格作为初始选股依据时显示，股价越低，交易表现越好。当我们把这些低价股计算进等量资金权重指数时，其表现当然要比只涵盖大市值股票的流行指数更好。等量资金权重指数能更好地体现出整个市场的表现，因为它包含了全部股票，于是也就能反映出所有股票走势的真实情况。一般的投资组合很难打败这个指数，这也可能正是它在投资组合管理中不被用作参照的原因。

　　在本书开始时，我强调了希望能够改良自己先前一直在使用的相对价格强弱系统。这项工作到现在已经完成。相对于年化回报率19.45%、最大回撤率62.3%的旧交易系统而言，新交易系统可以达到近30%的年化回报率，以及一个依然相对较高的最大回撤率——52.89%。市场择时模型的引入可以降低最大回撤率，并把年化收益率提高到35%。有一件我原本没计划去验证，却意外地发现在不使用计算繁杂的排档系统的情况下，我们依然可以得到一套结果相仿的选股系统。我们可以通过原比率系统取得较高的交易回报，并根据算式中的参数做出买、卖决定。

KIRKPATRICK'S INVESTMENT AND TRADING STRATEGIES

Tools and Techniques for Profitable

Trend Following

|第 5 章|

股票交易策略

关于股市的总体走势及变化

我曾经在某处读到过，股票投资者的平均职业寿命大约为16年～17年。这17年意味着从他成为职业投资人的第一天起，要么退休，要么升职后做管理工作，要么被迫离开这个行业。同样的事情也发生在了我的身上，因为我发现这个股市的特性，即每16年～17年就会出现变化。大盘曾连续上涨了16年～17年，随后在一个区间内横盘震荡了许久。例如在20世纪80年代中期，股市迎来了一波波澜壮阔的大牛市，直到2000年截止。从那以后，市场总体来说在一个平稳区间内震荡，只是在2003年和2008年出现了60%以上的波幅。

图5—1显示了从1920年到2010年这90年间的股市总体的走势及变化。我们可以看出股票市场是充满变化的，这一点大家都知道，但是它主要存在两种基本模式：稳定的上涨牛市，或者区间内大幅震荡，它们之间约16年～17年就转换一次。有可能是由于投资者的平均职业寿命造成了这样的市场周期，也有可能

是市场规律变化周期导致了投资者职业寿命形成了这样的周期。我倾向于选择后者，因为不同的市场形态要求投资者使用不同的投资策略，正因如此，它会清除掉那些无法进行自我调整的投资经理。上涨趋势需要买入后持仓类的策略，无需进行过多交易，只要长期持有手中的资产就好。在无明显上涨趋势的震荡市场中，我们需要市场择时策略以躲过持续数年的大幅调整，以免因亏损被洗出场外。近

股票投资者的平均职业寿命大约为 16 年～ 17 年。这 17 年意味着从他成为职业投资人的第一天起，要么退休，要么升职后做管理工作，要么被迫离开这个行业。

些年来，我们可以看到市场择时策略从 2000 开始取得了不菲的成绩。从那以后，市场出现了高达 60% 的大幅下调，这需要花上很长时间才能收复失地。因此，市场在震荡整理期间很有可能毁掉那些买入后长期持仓的趋势投资者，而那些平仓过快的投资者又无法在长达 16~17 年的牛市中取得足够利润。

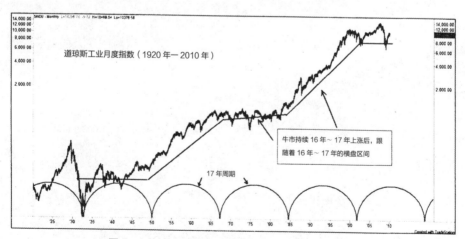

图 5—1 从 1920 年至 2010 年间股市总体走势及变化

资料来源：小查尔斯·D·柯克帕特里克和朱丽叶·R·达尔奎斯特合著的《经典技术分析》第 2 版。

这种表现是经典技术分析的基础，它主张股市在上涨趋势途中会周期性地经历震荡波动区间。在进行技术分析时，试图通过波动区间找到能够提示市场突破并进行下一波趋势的指标。我们通常称这些形态为趋势持续，或者趋势反转。但是近期的一些证据表明，在经过严谨的测试走势形态后，大多数走势形态没有选择方向性的倾向。所以那些所谓持续或者反转的形态都是不准确的。

然而，市场行为出现整体变化并不受限于 16 年的周期。在短至周数据，甚至分钟数据的时间框架下，市场经常出现变化。对于短线操作来说，交易员必须能辨识出市场形态的变化，并对自己的交易方式作出相应的调整。

趋势交易与均值回归交易

从传统意义上来说，处理不同市场的两种不同交易方式为"趋势交易"和"均值回归交易"。一旦你知道如何对其作出相应调整，那么这两种方法在不同的市场中都可以十分有效。

趋势交易意味着交易员通过寻找走势形态或使用像移动平均线这样的指标，寻找能够满足进入上涨行情通道的股票，甚至整个大盘。趋势交易员通常会一直持仓，直到出现趋势结束的信号才会离场。这种交易方法不存在特定的离场价位。相对而言，均值回归交易员根据趋势中的震荡进行交易。如果趋势平稳，并能够明显地找到摆动区间的上沿和下沿，那么均值回归交易员就可以在摆动区间下沿买入股票，并在下一次股价达到摆动区间上沿时卖出股票。他根据之前在趋势中发生的现象，预期价格通道的底部，并当价格达到前期通道顶部时卖出。他不根据趋势的方向进行交易，而只是假设价格会继续按照预期摆动。在某些情形下，目标价位可以被设置成均值价位。在第 7 章中，你会了解到股价为何会在某些预定价位处趋于平稳的原理。

> 趋势交易意味着交易员通过寻找走势形态或使用像移动平均线这样的指标，寻找能够满足进入上涨行情通道的股票，甚至整个大盘。趋势交易员通常会一直持仓，直到出现趋势结束的信号才会离场。

　　每一次短期的小幅上涨或下跌都可以作为交易员调整自己的交易时间框架，也就是指交易员心中理想的并倾向于用以操作的时间周期。交易员们在不同的时间间隔下观察价格图（最高价、最低价、开盘价、收盘价），比如有人喜欢看 5 分钟走势图，有人喜欢看 20 分钟走势图，还有人喜欢看日线走势图。用以判断趋势或震荡的时间框架的方法有许多种，交易员根据自身能力和喜好决定选用哪一种。交易员可以每天只看一眼股票，或是整天都根据日内小幅震荡做交易。每一名交易员都会根据自己的性格、可交易时间、硬件、软件以及能力选择各自喜欢的交易时间框架。当市场从一种形态转向另一种形态时，交易员可以在交易时间框架或交易方法中选择改变其中的一种。图 5—2 给出了一个例子。

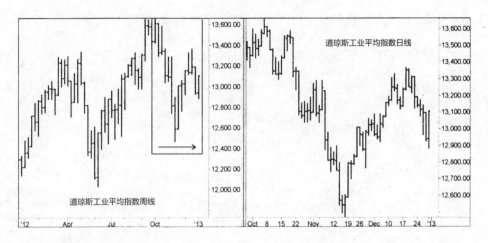

图5—2 在不同的时间框架下，道琼斯工业平均指数的周线显示出市场正处于震荡状态，而日线却显示出市场处于趋势中

一位趋势型交易员如果只使用趋势交易方法，那么他会在无趋势的市场中遇到不少麻烦。就像上面那个例子一样，他可以通过调节自己的交易时间框架以适应市场的变化，比如把自己的观察时间框架从周线图转移至每日图。反之，均值回归型交易员也可以通过调节自己的交易时间框架，以便在上涨趋势中找到震荡区间的上下沿。在前面的例子中，虽然从周线级别来看，市场是区间内震荡，但是通过转换交易时间框架把周线图换成日线图，我们便发现了一个趋势性市场。

在这两种交易方法之中，我更喜欢趋势交易。这种选择是一件因人而异的事情。我认识很多使用其中任意一种，甚至两种方法都在用的成功交易员。我所使用的交易模型主要都是靠识别趋势，直到确认趋势反转后才离场。多数趋势交易员都在寻找密集成交的形态，当价格突破密集成交区间后，他们便入场抓住趋势，这也叫做突破策略。在杠杆与资金管理的协助下，这是盈利性很高的一种交易方式。还有一种趋势交易系统是利用移动平均线，正如我在本书中用它们进行市场择时一样。

除了传统的像移动平均线交叉系统外，我还使用了多种突破方法来寻找整波趋势。趋势的尾部发生在行情从趋势转为震荡时。这段时期是为下一阶段行情做准备的时期，因此，这也是新行情即将出现的第一信号。在趋势交易中，我们的目的是在趋势开始之初就介入其中。这种交易方式的缺陷是，指示趋势开始的指标经常会出错，它们可能在趋势未形成时就发出信号，甚至更糟的是，它们指向了趋势的反方向。一些交易员等待趋势真正确立后才入场交易，但是他们却错失了利润最丰厚的趋势早期阶段。他们为趋势确立支付了更昂贵的价格。他们经常先等待趋势确立，在进入场内之后，又要先忍受一段回调期。因此，他们会把趋势交易和均值回归策略结合使用，根据反转找到入场点，以便搭上趋势盈利的快车。

相对于等待趋势中的回调以寻找入场点，我更倾向于使用指标，而不是靠价格本身对新趋势的存在与否作出判断。首先，我所使用的指标要能告诉我前一趋势行情已经彻底完结。通过使用这个指标，我知道自己不会因卷入仍未消失殆尽的老行情中而蒙受损失；其次，我还知道新趋势行情总是会在某个时间发生，而且我想介入其中。新趋势需要一系列指标逐一证实，我也会因指标所显示的证据而对它的存在产生信心。与投资者不同，对于交易员来说，趋势的真实方向并不影响他们赚钱，因为无论通过做多还是做空都可以达到盈利目的。因此，我的交易系统没有方向上的倾向性，但是要观察任何一个方向上的早期趋势性价格变化行情的来临。

做空交易（short trade）是指先借入股票并卖出，随后在以低价买回以达到盈利目的。交易的利润来自卖出价格与后期买入价格之间的差额。期货市场中的做空交易与股票市场中的做空交易存在着很大不同。

此外，交易员与投资者的不同之处是，他们通常不看整个大盘的表现，而是根据流动性和波动性来选择一些特定的股票或期货品种。在本书中的投资部分，我曾经提到过，投资者也喜欢选择波动大的股票。

通过参考衡量成交量的流动性和衡量价格变化的波动率，交易员把交易选择控制在了一个小范围内，并对它们保持密切关注。在电脑的帮助下，这个过程变得容易多了，如今，相比我刚入行时交易员们拥有同时观察更多股票的能力。我倾向与选择投资板块中相对价格强弱走势更强势的股票。我知道这些股票有着走出趋势行情的倾向性，并且同时拥有高流动性和波动率。然而，交易这些股票与投资这些股票的区别就在于计息期间（period of interest）的区别。投资方式取决于周价格数据，而交易方式取决于小时价格数据。我希望能从这样的趋势中获利。

在下一章中，我将会介绍自己所使用的方法。首先我介绍了 3 种指标及计算：动向指标（the Directional Movement Index，DMI）及其衍生指标（the Average Directional Movement Index，ADX），还有前进线（the Forward Line）。我还会介绍它们所使用的基本原理、结合使用的方法，以及通过它们所制作的交易模型。作为举例论证，我使用了一个高流动性、高波动率、市值足够大的 ETF（Exchange Traded Fund, 开放式指数基金）为系统做了优化。这种方法适用于任何股票、商品或其他可以自由交易的证券。我要提醒你的是，你应该先在模型中测试其他不同的参数，因为不同证券的性质不同，所要求使用的参数组合也完全不同。我所使用的 ETF 是 SSO（ProShares Ultra S&P500，二倍杠杆做多标普指数 ETF）。它的存在时间足够长，可以为我在前行优化分析中提供统计相关结果。

KIRKPATRICK'S INVESTMENT AND TRADING STRATEGIES

Tools and Techniques for Profitable
Trend Following

|第 6 章|

价格趋势分析最佳指标：
DMI 和 ADX

威尔斯·威尔德的天才之处

1978 年威尔斯·威尔德（Welles Wilder）写了一本名叫《技术交易系统新概念》（*New Concepts in Technical Trading Systems*）的书。在我的心目中，这是描写股票市场（以及任何其他市场）中交易系统与交易指标最好的书籍之一。该书所介绍的技术指标从未被前人研究过，至今许多交易员在不知道这些指标来历的情况下，依然忠实地使用着它们。这位天才所发明的指标包括：相对强弱指数 (Relative Strength Index，RSI)、抛物线系统 (Parabolic System)、平均真实区域 (Average True Range，ATR)，以及波动率指数 (Volatility Index) 等。他所发明的指标中最好的是 DMI 以及该指标的衍生指标 ADX。这两个指标在分析价格趋势时效果非常好。它们的预测能力令人惊叹，但是我相信大多数交易员对它们的认识存在着偏差。在介绍它们如何进行计算后，我会指出交易员们对这两个指标认识的普遍性错误，以及相关正确使用方法。

威尔德移动平均线与 ATR

威尔德用以计算移动平均线的方法不同于寻常方法。在他的作品出版时，家用电脑还尚未面市，当年所有的计算都是徒手在提前印好的表格中进行。由于徒手使用掌上计算器计算十分辛苦，威尔德发明了一种计算移动平均线的新方法，它与我们称之为指数移动平均线 (Exponential Moving Average，EMA) 的计算方法极其相似。威尔德在自己的指标计算中都使用了这样的移动平均线。如果你在网上见到那些为自己计算指标的服务商，你要相信他们计算移动平均线的方法其实是相同的。我不确定使用常规的指数移动平均线计算会起到多大的不同效果，但是考虑到计算的纯洁性以及历史原因，个人还是倾向于用原始的计算方法。

首先，威尔德计算出了我们称之为"真实区域"(True Range) 的价格区间。价格区间通常是指每天最高价和最低价之间的价格差。也就是说，一只股票当天最高价为 4 美元，最低价为 3 美元，那么它的价格区间就是 1 个点位。把一段期间内这些价格区间的平均数计算出来，我们就称之为该股票的平均真实区间。然而威尔德相信普通的方法有着诸多不足，因为它没把每日间的不同价格区间都涵盖在内。因此他发明了一种看待价格区间的新方法，并根据以下条件定义他的每日价格区间：

- 今日最高价与今日最低价之间的价格差；
- 今日最高价与昨日收盘价之间的价格差；
- 今日最低价与昨日收盘价之间的价格差。

　　他所使用的方法已经被广泛地用以测量价格波动率，因为它同时通过价格和每日震荡来评估趋势。威尔德使用的是每日价格数据，但是真实区间可以使用任何时间框架下的数据来计算。这种方法的独特之处在于，它考虑到了前一个价格柱状线的收盘价。在交易市场中，一个价格柱状线很可能与前一价格柱状线完全不重合，也就是所谓的跳空。比如说，如果今天的价格在 3 美元和 4 美元之间交易，昨天的最高价为 2.5 美元，那么今天的价格区间便落在了昨天的价格区间之外。这看起来虽然不重要，但是这种方法把全部股价变化都计算在内，而不仅仅只是包含一个交易日内特定时间段的股价变化。在该例子中，从 2.5 美元跳空至第二天 3 美元～ 4 美元区间的变化非常重要，但只看日内价格变化却无法抓住这个线索。

　　威尔德使用自己的特殊移动平均线方法计算出了真实区间的平均值。对于最常用的 14 日移动平均线来说，它的计算方法如下：

$$ATR： ATR_{今} = ATR_{昨} - (ATR_{昨}/14) + TR_{今}$$

　　第 14 日的起点为此前 14 天的简单移动平均价格区间。算式中的参数 14 可以改为任何一个整数。

　　以上计算中包含着下面两个重要的概念。

1. 由于跳空的存在，连续两天的价格柱状线可能包含着日内柱状线所无法体现出的波动率信息。因此，它比方差、贝塔以及其他波动率测量方法更具备实际意义。
2. 威尔德的移动平均线并不是全部每日数值之和再除以总天数，而是使用近似于指数计算的方法，并根据当前交易日信息对前一交易日数据作出调整后得出。因此，它不会受到"陡壁效应"的影响，而简单移动平均线却从头到尾一直面临着这个问题。陡壁效应经常出现在简单移动平均线中的旧数字被排除并增入新数字时。如果被排除的数字明显比其他数字大，那么在它被新数字替换时便会对整个平均值的均衡产生很大影响。通过用削弱旧数据的作用来直接替换旧数据，威尔德降低了移动平均线中的陡壁效应。

平均真实区域（ATR）的使用

整套交易系统都是围绕着 ATR 研制出来的。ATR 代表着价格柱状线的平均波动率。图 6—1 显示了一个日线走势图以及相应的 ATR 百分率。这个百分率是 ATR 相对于最近价格的比率，它是用于比较不同股票之间波动率的最佳计算方法。

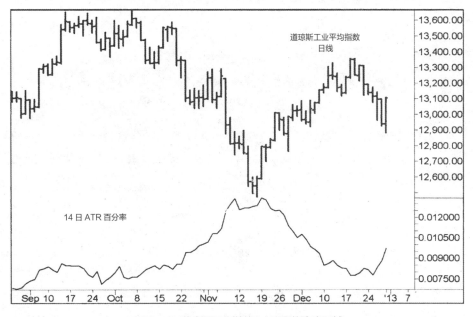

图6—1 道琼斯工业指数 14 日平均真实区域

ATR 有着以下多种用途：

- ATR 通常被用作估计未来股票价格震荡幅度的方法。它衡量了波动率。比如说，如果一只股票以某个特定节奏形成上涨趋势，那么它的 ATR 则反映了该趋势的平均振幅。一旦价格变化超出了平均震荡区间，这就可能说明趋势出现了一定的变化。

- ATR 经常被用以计算移动止损。移动止损是通过自动平仓以防止过度意外情况发生。比如对于一个盈利的多头仓位而言，在持仓时，卖出止损单可以放在该仓位最高价下方的 ATR 整数倍处。一旦止损单被激发，它表明该盈利趋势的行情很可能已经结束，那么这个仓位则应该被平掉。

- 它还可以用作原本处于震荡区间的股价突破入场信号。

- 多个 ATR 可以共同组成一个"单位"。这个"单位"可以在金字塔式趋势追踪系统中决定何时加仓。比如在"海龟交易系统"(Turtle System) 中，预设的"单位"就是由一系列 ATR 所组成。每当股价在预期方向上涨或下跌了一个"单位"，他们就增加一份仓位。每当股价在预期相反方向上下跌或上涨了一个"单位"，他们就平掉一份仓位。

- 由于 ATR 是用来测量波动率的，它的变化（尤其是下跌）通常为短线交易系统所用，以改变交易策略中所涉及的波动率。而 NR7 是一种常见的方向性交易的走势形态。当第 7 根价格柱状线的 ATR 低于前面 6 根价格柱状线的 ATR 时可以使用该策略。一旦价格突破整个 7 根价格柱状线的上沿或下沿，便执行突破交易。

动向指标 DMI

与大多数交易员一样，威尔德也致力于研究如何分析价格趋势，用趋势追踪系统辨识何时出现盈利的强势趋势，以及何时出现趋势型策略难以盈利的平稳走势。他相信前后价格柱状线之间的联系可以告诉自己相关的信息。最终，他找到了一种衡量价格柱状线之间关系的方法，那就是 DMI（见图 6—2 所示）。它所要求的计算很复杂，你并不需要亲自进行计算。大多数网站上显示的走势图都可以做到直接把威尔德的各种指标计算好后标记出来。但你必须要了解价格柱状线之间关系的基本原理。

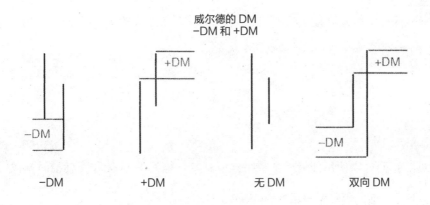

图 6—2 关于威尔德 DMI 的一些基础知识

资料来源：小查尔斯·D·柯克帕特里克和朱丽叶·R·达尔奎斯特合著的《经典技术分析》第 2 版

基本元素：方向运动 DM

为了计算方向运动（Directional Movement，DM），我们要观察连续两天的市场行为（任何市场）。DM 可以为正值（+DM），也可以为负值（-DM），这要根据第二个交易日的相对位置而定。它的计算方法如下：

- +DM 发生在当前最高值大于前一交易日最高值时，这代表着向上趋势。它的计算方法就是两个交易日的最高值之差。
- -DM 发生在当前最低值小于前一交易日最低值时，这代表着向下趋势。

它的计算方法就是两个交易日的最低值之差。

- 如果当前最高值小于前一交易日最高值，而当前最低值大于前一交易日最低值，那么我们不记录该 DM，这两天之间的趋势是中性的。

- 如果当前最高值大于前一交易日最高值，而当前最低值小于前一交易日最低值，我们称之为外包线 (outside day)。这时我们采用价差较大的数据。当最高价之差大于最低价之差时，我们记录这两个交易日为 +DM。当最低价之差大于最高价之差时，我们记录这两个交易日为 -DM。

- 每个交易日只记录一个 +DM 或者 -DM。

DI

虽然我们可以使用任何一个数字，但是威尔德使用 14 天作为标准时间段。因此，我在下面的解释中也采用 14 天作为参数：

1. 首先，我们把过去 14 天的 +DM 与 -DM 各自的总和计算出。我们把这两种结果分为两列，一列代表着 14 日 +DM 总和 (计为 $+DM_{14}$)，另一列代表着 14 日 -DM 总和 (计为 $-DM_{14}$ 它也是一个正数)。这两列数据每天都使用威尔德移动平均线算式更新。每天更新都一定会是 +DM 或 -DM 二者之一。一旦出现空白不记录的情况，我们就按照算式不加入新数字进行即可。那么整体平均数会自动出现下降。

2. 从现实的角度来说，方向是真实区域记录股票或整体指数价格变动的功能之一。先计算出 14 天的平均真实区域，再用这个区域去除每个 DM_{14} (记做 TR_{14})。这样一来，我们就算出了每一列的 DI，也就是 +DI 和 -DI。

3. +DI 和 -DI 都是过去 14 天上涨或下跌趋势的平均交易区域的百分率。通过比较这些数字，我们便知道了该股在方向性上的力量。把总体上涨或下跌趋势与平均区域进行比较，也可以告诉我们趋势出现的情况。低百分率数值可以认为该趋势还只是出于平稳震荡而已。这些数据（DI）可以用图画出，很多不同交易规则都引用到了它们。

图 6—3 显示了 +DI 和 −DI 的例子：道琼斯工业指数的 +DI 和 −DI。我们要注意如下几件事情：

- 两个 DI 中数值较大的一方可以告诉我们趋势的方向。如果 +DI 比 −DI 的数值大，那么趋势的方向是上涨。在图 6—3 中，在 2012 年 12 月 31 日（最后一个交易日），−DI 的数值大于 +DI，这说明趋势从两天前开始转为向上。

- 两者交叉就是趋势方向从一边改变到另一边的信号。有时 +DI 和 −DI 会一直保持一段比较近的距离。

- +DI 与 −DI 之间的差值代表着趋势的强弱。比如在图 6—3 中，最近一次下跌趋势就不如 11 月的那次下跌趋势强。

- 可以根据交叉制定交易策略。如当一个 DI 与另一个 DI 相交叉时，价格柱状线又恰巧处于突破的形态，那么接下来顺着 DI 方向的突破就是我们执行交易的时机。例如在图 6—3 中，除了 E 点的短暂交叉外，其他全部交叉信号都与价格方向有着紧密关联性。即使我们在 E 处使用交易策略，我们也不会在这里执行任何交易，因为价格柱状线并未在上涨方向有所突破。而另一方面，第二天 DI 之间再次交叉，指示趋势向下，同时价格柱状线也向下方突破，这是成功地发出了做空的信号。

- 当 DI 达到最大值时，它意味着趋势很可能也已经走到了尽头，此时，我们应该密切关注手中的仓位。在图 6—3 中，DI 最大值约为 28。DI 达到 28 时便是我们平仓的最佳时机，因为在此之后，趋势转为震荡或反转的概率非常高。

- DI 主要的用途是计算 ADX。ADX 是个非常有用的指标。从图 6—3 中可看出，DI 交叉发出的是滞后信号，同时最佳平仓位置是 DI 最大值时。

但是 DI 经常达不到最大值，这会给你的交易造成诸多困扰。

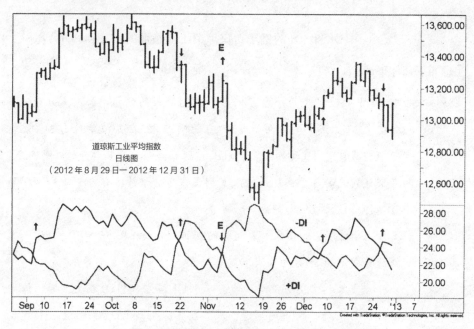

图 6—3 道琼斯工业指数以及它的 +DI 和 −DI

平均方向性运动指标 ADX

尽管我发现 DI 很有用，但我还是喜欢平均方向性运动指标（Average Directional Movement Index，ADX）。因为通过它，我可以直观地判断出趋势的变化。抓趋势转折点是一件难以做到的事情，因为通常要连续看几根价格柱状线才能看得出来。ADX 是我决定何时出手的主要决策依据。它是由前面提到的 DMI 衍生得来的。它主要测量了趋势的强弱，而不是判断方向。正因为这个原因，交易员会发现有时难以驾驭这个指标，因为当 ADX 上涨时所发出的信号是趋势变强，而不是价格的真正上涨。它就像是测量趋势加速度或减速度的二阶导数一样，而不是衡量趋势的斜率本身。ADX 之所以重要，是因为当趋势开始发生方向性变化时，它能发出趋势异常的重要信号。比如当它达到最大值时，通常意味着现有上涨或是下跌趋势的结束。因此，对于趋势型交易员来说，它是个非常重要且不可或缺的指标。首先，我会讲解它是如何计算出的，但是你并不需要亲自做这些计算，因为大多数网站都会直接提供ADX数据。

> 通过 ADX，可以直观地判断出趋势的变化。抓趋势转折点是一件难以做到的事情，因为通常要连续看几根价格柱状线才能看得出来。ADX 是决定何时出手的主要决策依据。它主要测量了趋势的强弱，而不是判断方向。

DX

威尔德对 14 日的 DI 求平均数后得出了 $+DI_{14}$ 和 $-DI_{14}$。$+DI_{14}$ 与 $-DI_{14}$ 是趋势中部分 14 日真实平均区域的百分率。如果数值很大，则说明趋势很强（无论上涨趋势还是下跌趋势）。用 $+DI_{14}$ 和 $-DI_{14}$ 之和去除 $+DI_{14}$ 与 $-DI_{14}$ 之差可以得到一个关于趋势方向的百分率，我们称之为 DX（The Directional Index）DX 不会告诉我们方向，只能够告诉我们真实平均区域在该部位趋势的强度。我们通过把这个结果乘以 100 便可以得出一个真实的百分率。

举个例子，一只上涨趋势的股票有着 $+DI_{14}$= 45，$-DI_{14}$=13，那么上涨趋势则拥有 32% 趋势交易区域。我们再用 32 除以趋势之和 58（45+13）就可以得出该股当天的 DX。因此趋势方向的百分率为 32/58 或 0.552（55.2%）。由于该数值大于 55%，我们认为这是一个强趋势。

DX 不会告诉我们方向，只能够告诉我们真实平均区域在该部位趋势的强度。

ADX

ADX 是威尔德使用另一套计算 14 天平均数算式所得的结果。算式如下：

$$ADX_{今} = （ADX_{前} \times 13 + DX_{今}）/14$$

用 $ADX_{今}$ 减去之前的 ADX_{14}，我们可以得到平均方向指数评估（Average Directional Movement Rating，ADXR）。ADXR 可以降低 ADX 中趋势短线震荡所造成的影响。图 6—4 显示了附有 ADXR 的 ADX。

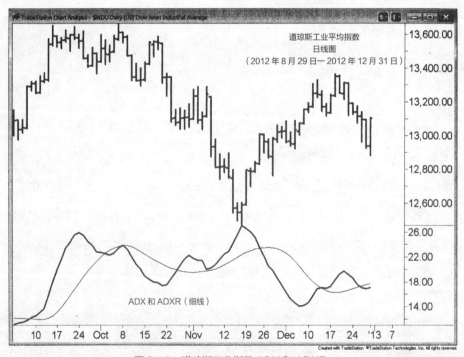

图6—4　道琼斯工业指数 ADX 和 ADXR

威尔德在使用 DI 和 ADX 时设置的交易规则

在威尔德的书中，他强调了自己是如何使用并分析DMI及其相关衍生指标的。从历史的观点上看这些方法的确很有趣，但是在我经过亲自测试后，我发现它们难以盈利。这些交易规则如下：

- 当 ADXR 大于 25 时，DI 交叉意味着发出方向性信号。使用交叉日的价格极值作为入场点。

- 当 ADX 上涨至高于两个 DI 值后，此处出现了转折点。转折点通常发生在 ADX 与两条 DI 相交后第一次转向下方时。

- 当 ADX 下跌至低于两个 DI 值后，此时应该终止趋势追踪。低数值的 ADX 意味着此时没有出现值得交易的趋势。

- 把 ADXR 的值进行排序，最高值处意味着趋势力量最强。

如何使用 ADX

你会发现威尔德对 ADX 数值级别的重视程度要高于转折点。他知道峰值点很重要，尤其是当 ADX 处于一个高值时（高于 DI）。在其他讨论 ADX 的文章中存在着不少对 ADX 数值意义的观点，但是我发现大多数文章的实际意义并不大。ADX 最重要的性质是在趋势结束时发出平仓信号，而这与数值本身的关系并不大。在图 6—5 中，我展示了道琼斯工业指数和它的 ADX，

我们在判断 ADX 峰值时唯一要注意的地方是，ADX 经常会出现一些看似小峰值的转折点，它们很有可能被误认为做峰值。

并标出了 ADX 的峰值以及它们在指数中的相关价位。在每一个 ADX 的峰值处，价格图显示无论 ADX 的实际数值多少，指数价格都会出现阶段性顶点或底价。只有一个特例，就是在第一次出现底部反转信号后，价格随后继续迅速下落。

作为指导趋势追踪平仓交易的指标，ADX 的实际效果非常棒。作为新趋势的入场指标，我们在使用 ADX 峰值时要小心谨慎才行。我们在判断 ADX 峰值时唯一要注意的地方是，ADX 经常会出现一些看似小峰值的转折点，它们很有可能被误认为做峰值。为了减少这种误会信号的风险，我使用反转数额来确定峰值是否真正发生了。这需要观察更多的价格柱状线，因此，这也会耽误平仓的时间，但是我却对平仓的可靠性抱有更高的信心。

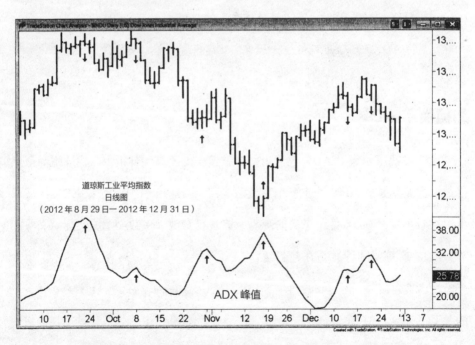

图 6—5 道琼斯工业指数与 ADX 峰值

例如，在图 6—5 中，我建议你从第二个 ADX 峰值开始看到 12 月最后一个。根据定义，直到随后第二根柱状线结束后，我们才可以判断出 ADX 是否在该处处于峰值。通常来说，紧随其后的第二根柱状线会突然朝着趋势相反方向移动而生成峰值。真实的 ADX 峰值可以通过两条途径确认：

1. ADX 值下跌的幅度达到了一个经过前期预测的特定值；
2. 价格在新方向上突破了随后第二根价格柱状线的最高价或最低价。

在上面的案例中，ADX 的峰值在下跌柱状线时（向下箭头）发生。但是随后下跌价格柱状线再次出现后，我们便可以确定前值为峰值。如果 ADX 的下跌幅度很小，而随后的价格柱状线也没有明显突破，那么这种情况就十分可疑。因此，图 6—5 中倒数第二个 ADX 小峰值就不符合要求，我们不应该据此执行交易行动。使用同样的分析，我们也不会在 10 月末根据 ADX 执行做多交易。在这里，ADX 有着较大幅度的下落，并有很大可能通过测试。然而第二根价格柱状线的走势不是很强，也意味着走势形态有着下落的可能，但是随后的第三根价格柱状线确认了 ADX 的峰值和价格底部。然而它最终还是失败了，我们从中学到的是，在这样的 ADX 系统中，我们还是有必要设置保护止损以防系统判断失误。

对于全部 ADX 系统来说，都面临着离场策略不能够等到 ADX 反向确立信号发出才执行。我们的交易系统并不是以平仓后立即反转的逻辑运行。离场策略必须是移动停损、特定价位或特定时间目标之一。我所做的测试中大多数使用的是时间目标离场。

另一种确立 ADX 峰值的方法是使用 ADXR 作为信号，这种方式与 MACD

指标的信号相似。在 ADX 系统中，ADX 峰值的信号发生在 ADX 交于 ADXR 下方时。在图 6—4 中，ADX 交于 ADXR 下方 4 次。第一次和第二次交叉（第二次交叉程度很轻）很好地体现出了市场价格峰值。第三次交叉虽然有些滞后，但是也很好地体现出了市场价格底部。最后一次交叉信号会导致灾难性的交易结果，因此，我们需要在这套系统里的任何策略中都设置保护止损。

我不喜欢使用 ADXR 的原因是它既滞后，又不如 ADX 峰值那样准确。除了与移动平均线交叉系统有着相似的缺点外，当 ADX 走势平稳时，它会不断地反复与 ADXR 交叉，因此会多次发出错误信号。介于以上原因，我不使用 ADXR 作为交易信号。威尔德此外也提到只对于最强趋势股票使用 ADXR。我并没对此作过测试，因为在第 1 章 中，通过计算相对价格强弱，我已经找到了一个准确并经过测试的系统。

ADX 还有一个非常棒却很少有人使用的功能，这发生在当它达到底部反转向上时。包括威尔德自己在内的多数评论员都从没提到过 ADX 的这一使用方法。主流观点是希望看到强势的 ADX，同时尽量避免下跌弱势的 ADX，但是这种观点导致人们错失了一个重要的并可应用于盈利操作的指标。ADX 的底部发生在趋势强度变弱时，而不一定发生在改变方向时。如在图 6—5 中，道琼斯工业指数在 11 月中旬出现的价格底部就伴随着下跌的 ADX。因此，我们不需要为下跌的 ADX 而担忧。应该注意，当 ADX 在 12 月上旬形成底部的时候，市场上涨的速度增加了。这是 ADX 所发出的信号特性之一。上涨的 ADX 代表着价格方向上的加速度，而不代表应该离开该趋势。这种事情只发生在 ADX 上涨达到峰值时。当 ADX 形成底部后，它意味着现有趋势的强度正在增加，因此，顺势额外加仓可能为我们带来更多收益。

在图 6—6 中，我在全部 ADX 波谷处用箭头作出了标记：第一个 ADX 波谷是个失败的信号，因为随后价格迅速下跌；

ADX 还有一个非常棒却少有人使用的功能，这发生在当它达到底部反转向上时。主流观点是希望看到强势的 ADX，同时尽量避免下跌弱势的 ADX，但是这种观点导致人们错失了一个重要的并可应用于盈利操作的指标。

第二个 ADX 波谷信号意味着下跌速度增加，此处是做空的好时机；第三个出现在 11 月上旬的波谷信号重复了第二个走熊信号，此处入场做空依然可以盈利；第四个 ADX 波谷发生在 ADX 峰值出现以后，这也是一个极佳的入场信号。因此，虽然 ADX 波谷不代表着反转，但在趋势中使用它，依然可以为你带来盈利优势。

对于使用 ADX 作为信号还要再说明一点，那就是我们要强调已经存在的趋势。如果正在趋势向上，那么信号可以对趋势加强确认，但是你必须要非常清楚趋势的方向。在图 6—6 中，我使用了前进线（我们会在第 7 章中作详细讨论）作为标准化确认趋势的方法。DMI 也具备相似的性质。

如果价格高于前进线，我便知道此时趋势依然向上，那么任何 ADX 波谷都是买入的时机。反之，当价格低于前进线时，我知道此时趋势向下，那么任何 ADX 波谷都是做空的时机。

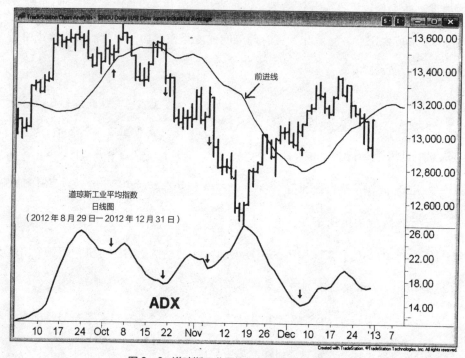

图6—6　道琼斯工业平均指数及其 ADX 波谷

　　与判断 ADX 峰值一样，判断 ADX 波谷时必须要考虑 ADX 反转的数额，同时结合趋势方向中第二根价格柱状线突破一起确认。此外，使用 ADX 波谷作为入场信号时，必须要使用其他方法平仓，比如目标价位或止损线。我们的交易系统不做"平仓后马上反转"类交易。

　　威尔德发明的 DMI 和 ADX 一直是最伟大的技术指标之一。它便于计算，并且包含了价格柱状线变化体现出股价走势强弱这样一个合理的设想。从这些内部强弱变化可以判断出趋势方向以及趋势强弱。从以上推论中，我们可以得知，ADX 是趋势方向、趋势加速度和趋势反转的重要指标。这些都是趋势性交易员和投资者最想得到的信息。在现实生活中，通过正确谨慎的使用方法，它被证实是具备盈利能力的技术指标，同时也是我个人最喜欢的技术指标。

KIRKPATRICK'S INVESTMENT AND TRADING STRATEGIES

Tools and Techniques for Profitable
Trend Following

|第 7 章|

预测未来股价，跑赢大盘：
周期和前进线

　　当我在 20 世纪 60 年代刚接触技术分析时，在价格走势图中找特定形态是分析股票或其他可交易证券的基本方法。我从亚伯·科恩（Abe Cohen）的书中学习了点数图（point-and-figure）；从厄尔·布鲁门撒尔（Earl Blumenthal）的书中学到了三线反转图（three-point reversal charts）；从亚历山大·惠兰（Alexander Whee-lan）那里学到了单点反转（one-point reversal）；我在威廉·吉勒（William Jiler）1962 年出版的图书《股票市场中图形的应用》（*How Charts Can Help You in the Stock Market*）中学会了看柱状图，另外在爱德华（Edward）和马吉（Magee）那里也读到了不少东西。但是由于当年的设备只有手动计算器，根本没有电子计算表格，我因通过大量的数据和指数价格计算移动平均线而用掉了不少纸张，但却难以真正掌握有用的东西。我当时非常讨厌跟移动平均线相关的工作，而且它们的交叉和反转总是会发出延迟的信号。

直到 1970 年，吉姆·赫斯特（Jim Hurst）关于周期的著作《交易中审时度势的获利秘诀》（*Profit Magic of Stock Transcation Timing*）正式出版，我也由此开始认真地考虑了移动平均线的作用。当时我是从事周期研究工作的基金会（Foundation for the Study of Cycles）的成员之一，这是由胡佛总统的首席经济学家爱德华杜威（Edward R. Deway）于 1941 年成立的组织。在它存在的不同年代里，像美联储的威斯理米切尔（Westley Mitchell）、耶鲁大学教授埃尔斯沃斯亨廷顿（Ellsworth Huntington）以及弗吉尼亚大学教授 G.C. 艾伯特（G.C. Abbott）这样顶级的经济学家都是它的会员，甚至连富达投资（Fidelity Investment）的创始人爱德华·约翰逊（Edward Johnson）也曾经是其董事会成员之一。

事实上，随着对市场谐波分量概率越来越感兴趣，我在研讨会中也数次谈论到康德拉季耶夫（Kondratieff）50 年周期和股票 4 年周期。但是赫斯特的书着实让人大开眼界，因为该书首次展示了如何通过价格分析周期，甚至如何通过周期赚钱。赫斯特以自己的方式开设了课程，当年在华盛顿，我于第一时间参加了他开设的课程并学习了他的方法。近期，克里斯多夫·格拉夫顿（Christopher Grafton）写了一本非常棒的书《掌握赫斯特周期分析》（*Mastering Hurst Cycle Analysis*），书中详细地解释了当今该方法是如何通过电脑实现其应用的。

我们为什么要对周期感兴趣？除了找到一个赚钱的方法外，如果现在的价格也包含在周期内，那么我就可以通过周期对它们作出预测。技术分析不是用来作预测的，它通过现存的交易策略建立了交易或投资的入场策略，而平仓时却很少由目标价或预设交易时间决定。入场和离场决定都要根据价格的变化作出相应反应。很多人误以为技术分析是用来"预测"的，可是事实不是这样。技术分析只用来评估某个特定证券是否能够引起我们的注意，并等待它"突破"或是到达特定阻力或支撑价位。从另一方面看来，周期能为预测未来价格行为提供一定的概率。周期是严谨的数学，而大多数技术分析和基本面指标却无法做到。对我而言，它有可能通过提高准确度来帮助我长期跑赢大盘。

技术分析只用来评估某个特定证券是否能够引起我们的注意，并等待它"突破"或是到达特定阻力或支撑价位。从另一个方面看来，周期能为预测未来价格行为提供一定的概率。周期是严谨的数学，而大多数技术分析和基本面指标却无法做到。对我而言，它有可能通过提高准确度来帮助我长期跑赢大盘。

价格周期

赫斯特和杜威提出了市场由不同长度的周期组成。他们相信资本市场中的价格容易受到周期的影响，但是却苦于无法给予相应证据。周期存在是经验观察出来的，并不一定真的要找到存在的证据。当然，人们还是更希望知道周期存在的原因。如果它们的存在可以通过经验来解释，那么其根本原因也可以迟些再讨论。数百万年来，没人知道为何太阳东升西落，直到近 1 000 年左右人们才知道了它的原因。尽管山顶洞人缺乏与太阳相关的知识，但是他们依然能够准确地预测第二天太阳升起的时间。因此，在资本市场中，如果周期存在，我们可以在不知道原因的情况下通过观察来分析和预测周期。

在股票市场中最经常被观测到的周期叫作"总统周期"（Presidential Cycle），

市场两次波谷之间约为 4 年。此外，我们还知道年度之间也有周期，尤其是在农产品方面体现明显，这与每年节气种植有关。

赫斯特和杜威都写出了周期如何倾向于谐波分析，也就是周期的长度是由几个短周期共同组成，即一个大周期会由 2 ～ 3 个或其他整数的短周期组成。比如在每个为期 4 年的周期中，都会由几个 18 个月的（约为 4 年的 1/3）短周期组成。在每个为期 18 个月的周期中，会由 2 个为期 9 个月的短周期组成。而每个为期 9 个月的短周期中，又会由 3 个为期 3 个月的短周期组成。此外，还有因季报导致的极度周期。这种谐波进程可能只发生在短短的几分钟之内。组成周期的倍数未必是像 2 或 3 这样的数字，但是通常都是一个整数。

在市场价格数据中，我相信周期是一种倾向性，而不是严格的事实。如果周期存在于市场，那么它们并不十分精确。因为如果它们能表现出精确性的话，那么多年前人们就可以将之量化了。然而在股票身上我们可以看到这种周期的倾向性。也就是说，市场的波峰和波谷会在任何趋势强弱下都定期发生。

关于周期的分析

周期可以用数学的方法计算出来，比如三角函数，具体地说是使用正弦（sin）和余弦（cos）公式。因此，用以发掘周期的数学方法能被人们很好地理解。人们可以通过使用傅立叶变换、波谱分析或数字滤波等方式从时间序列数据中找到周期。那为什么这些方法不应用在股票市场中？因为尽管股票价格存在周期性，但是摆动的振幅却不是个常数，但大多数像三角函数这样的数学方法都假设了波幅为常量。图7—1展示了一个理想的正弦曲线。

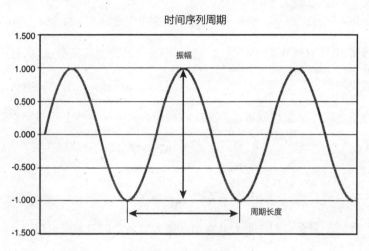

图7—1 理想的周期形态

周期由4个变量组成：周期长度（period）、振幅（amplitude）、相位移距（phase shift）以及纵坐标移距（vertical shift）。移距是指周期的起始点；振幅是周期底部到顶部的总长；周期长度是指从一个波谷到另一个波谷的距离。在股票市场中，周期之间的周期长度是交易员们最感兴趣的变量。而关注振幅和波峰波谷大小的人却很有限，因为这与波动率相关，也就是说它们是不规则的。

我们在该周期右侧的半个周期长度外复制了一个周期，也就是与原周期完全相同的周期出现在了原周期的右侧。这个新的周期被称之为"前进线"（forward

line）。它看起来就像原周期的镜像，其周期时间、方向和数值与原周期都完全相反。
在图7—2中，你可以看到前进线（虚线）的波峰和波谷与原周期（实线）的波峰
和波谷的级别大小完全相同，并交于原周期。你还能看到当它们相交时，交点发
生在波动与波谷的中值位置。也就是说，当股票价格突破它的前进线时，股价即
将发生行情的距离与它来到这个突破点的距离相等。因此，这个突破点为下一个
周期建立了目标。

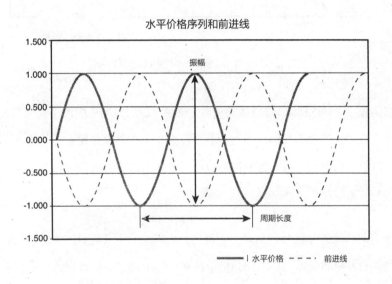

图7—2　居中移动平均线与前进线

当然，这种分析以市场是平稳的为假想，不包含其他大周期或因趋势造成振
幅和交点不同所导致的影响。图7—3显示了在强势上涨中前进线的形态。

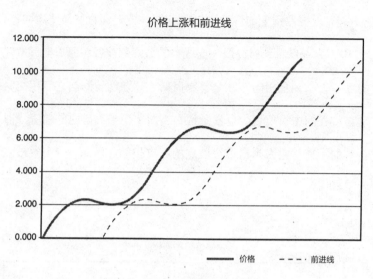

图7—3　位于上涨趋势中的前进线

　　注意图7—3中，如果趋势是强势向上的话，价格与前进线便不会交叉，因此，我们无法计算出股票的目标价格。我们可以在实际交易中应用这一特性，一方面可以显示出趋势的强弱，另一方面还可以把前进线用作止盈价位，因为跌破前进线意味着趋势不再强势。

　　所有对周期的分析都包括对下一次更长周期的分析及其对应的趋势。我想通过了解趋势的方向和强度，在周期分析中获利。我想通过分析特定的周期得知当下的趋势走向以及趋势强弱的变化。我通过以下几个方面来观测这件事。

- **在上涨趋势中，将上一周期的波谷与当下周期的波谷进行对比**。越来越高的波谷表明趋势正在向上，而波谷跌破前一周期波谷则表明趋势出现反转。在下跌趋势中，越来越低的波峰表明趋势正在向下。一段周期的不规则波峰和波谷意味着趋势平缓，此时某一技术走势形态正在形成。
- **周期的偏移**。偏移（translation）讨论的是周期峰值出现在两个波谷之间时的情况。所有股票的周期都是用相邻两个波谷之间的距离来衡量。根据对应趋势，峰值的出现间隔很可能很不规则。如果趋势向上，那么峰值会出现在周期中心的右侧。从图 7—3 中，你可以看出每个周期峰值都在周期中心偏右的位置。这种不规则的形态叫做周期的偏移，它可以用来判断当下周期是否依然健康。如果峰值出现在周期中心的右侧，那么趋势方向便依然向上。如果峰值出现在周期中心的左侧，那么它表明此时趋势方向向下。那么你如何判断峰值出现的时机呢？我们可以通过观察价格在周期的前半部分是否突破波谷来判断。如果是这样的话，那么毫无疑问，该趋势的方向向下。通过观察偏移，我可以增强自己对当下趋势的判断，并察觉趋势中出现了哪些变化。用相反的方法判断下跌趋势的原理与上涨趋势相同，趋势中的峰值越来越低。一旦价格突破了最近峰值，那么说明长期趋势很可能从此改为向上。

- **倒位的概率。**在股票市场中，周期通常较为稳定，波谷的出现也按部就班，但是波谷并不总是按照特定周期间隔出现。有时在波谷该出现的时候出现了波峰。这种少见的情况叫做倒位(inversion)。它发生在长期趋势正在上行，但是即将面临反转时。它通常与 ADX 波峰一同出现。倒位的出现会给交易员带来麻烦，因为它会让交易员对自己的周期分析产生质疑。我发现对此最好的解决方法就是坚持自己的原周期理解，并假设波谷还是要按照原情况再次重现。倒位打乱周期节奏的事情是很罕见的。倒位也不会发生在波谷。

- **目标价格。**在上涨趋势中，如果我们预设了目标价，而下一个波峰没有达到目标价，我会作出上涨趋势的动能放缓的判断。如果股票价格大幅超过了目标价，我便知道该趋势正在加速上涨。通常 ADX 也会同时转向朝上。在下跌趋势中，目标价与波谷的关系和上涨趋势一样。无法达到下跌目标价意味着趋势开始转向朝上，而大幅超过目标价意味着趋势正在加速下跌。在上涨趋势中，如果股价超过目标价，ADX 也会转向朝上。

理解与绘制移动平均线

在本书所介绍的方法中，对大多数技术指标的时间跨度有要求。DMI、ADX 和 ATR 都对指标的时间跨度有所要求。指标使用不同的时间跨度会导致不同的交易结果。重要的一点是，指标的时间跨度与股票价格行为相关。很多指标有着标准的时间跨度，但通常这些标准并不是通过严谨的研究制定的。大多数标准在电脑发明之前就制定了，它们便于手动计算器的计算。我发现指标的时间跨度应该直接与价格周期相关，因此，我觉得有必要找到一个为周期长度定量的方法。我的研究就是致力于辨识出市场中所出现的周期，并从中获利。所以我需要理解如何计算周期长度。

周期长度计算

计算周期长度的方法有两种：一种是使用移动平均线，另一种是使用试错法。

我在第 3 章 中曾讨论过，移动平均线可以削弱价格数据的小幅波动，让长期趋势或周期更清晰地体现出来。它们是观察和计算周期长度的主要方式。

平均数是由一些数据的总数除以数据总个数计算而来的。因此，25 日收盘价的平均数即为 25 天收盘价的总和再除以 25，这个数值也叫做均值（mean）。移动平均价的计算方法也相同，并根据价格在走势图上画出来。图 7—4 显示了标普 500ETF（交易代码 =SPY）一年来的日线走势图。

如果我们认为市场是由多个不同周期长度所组成的，我们就可以使用移动平均线的特性帮助我们增加优势，因为移动平均线可以降低短于自身时间跨度的波动所带来的影响。25 日移动平均线会降低 25 日周期或更短的波动，并强调价格数据中更长时间跨度的周期。我选择 25 日移动平均线有着自己的理由，因为在 SPY 中存在着

25 ～ 26 天的周期。移动平均线消除了图 7—4 中低于 25 日周期的波动，通过更长时间跨度的周期确认了 5 月的波谷和 11 月的波峰。这个长周期长度约为 122 天，是 25 日周期的 5 倍。但是我们在这次讨论中对短周期更感兴趣，所以，我们从现在开始搁置一下长周期问题。

如果我们认为市场是由多个不同周期长度所组成的，我们就可以使用移动平均线的特性帮助我们增加优势，因为移动平均线可以降低短于自身时间跨度的波动所带来的影响。

图 7—4 2012 年 2 月至 2012 年 12 月的标普 500ETF 股价走势图及 25 日移动平均线

我们把移动平均线与价格同步画出，但是从严格意义上讲这并不精确，因为平均价事实上并无法体现出最近一个交易日的情况，而只是过去一段时间内的平均。更现实地说，移动平均线应该体现在平均价和平均日上。在 25 日移动平均线中，我们把它想象成一个 25 天宽的盒子，线上点的高度代表着价格。移动平均线应同为高度（价格）和宽度（时间）的平均数。我们应该以平均价把线画在早于当天 12.5 个交易日的中间。由于必须要取整数，我们把该值取为 13。这种调整叫做中心化移动平均线（centered moving average），以此区分平时在价格走势图上看到的普通移动平均线。

图 7—5 显示的是 SPY 日线走势图以及正确的 25 日中心化移动平均线。请注意，由于该平均线的价格和时间都是中心化过的，此时该平均线与价格走势看起来近乎相同。它的转折点、波峰和波谷与价格走势同时发生。而最主要的问题是它有着 13 天的延迟，由于 25 日移动平均线需要花费 12 天来改变方向，所以以中心化移动平均线作为市场变化的指标作用非常有限。但是赫斯特发现了中心化移动平均线的一些非常有趣的特点，随后我会在构建和使用前进线的部分对此进行说明。

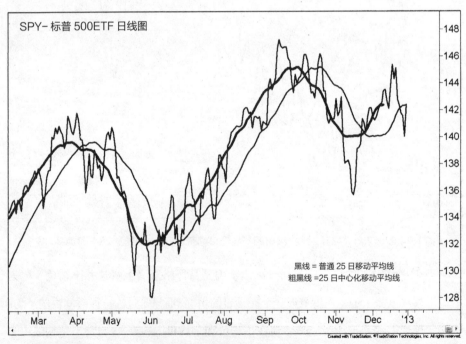

图 7—5　25 日中心化移动平均线

图 7—6 中的 SPY 走势与图 7—4 和图 7—5 的时间范围相同，并标记出了它的中心化移动平均线和前进线。该图与图 7—3 中所画出的理想周期相似，只不过使用的是真实数据以及相对较为轻微的上涨斜率。前进线与中心化移动平均线平行，这代表着 SPY 的实际周期，而且前进线的波峰和波谷与实际周期的波峰和波谷在同样的价位上。

请注意，前进线应置于现周期前方的未来处。那么现在我们就有了一条超前于价格的移动平均线，它可以告诉我们一些关于未来的信息，而不再只是滞后信息了。最后，前进线可以作为价格的止损点、支撑位或阻力位。在 12 月和 10 月初时，价格与前进线出现了交叉，而从 6 月至 9 月期间，价格一直处于前进线上方。

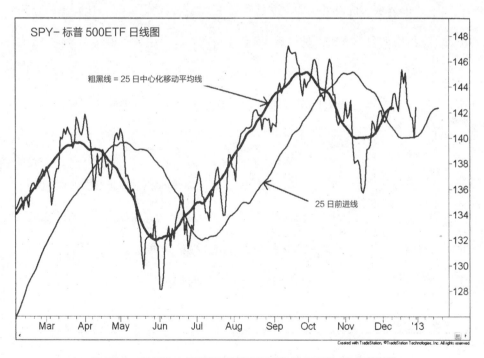

图 7—6　25 日中心化移动平均线和置于前方 13 日的 25 日前进线

当价格与前进线相交叉时，该系统发出买卖信号。第一次信号发出是在4月，当时 SPY 价格跌破了前进线。这个交叉不代表着趋势出现了反转，只能证明这波上涨趋势已经结束。最终，股价在跌破了前期低位后开始了出现下跌趋势。到了6月，价格在下跌趋势中曾有一次试图突破前进线，但却失败了。它的确突破了前期高价位，这也意味着下跌趋势的结束。最后，股价终于成功地向上突破了前进线，并一直处于前进线上方，直到10月才再次与前进线相交于一个价格波谷。此时交易员们应该卖掉自己手中的仓位。随后价格再次向上穿过前进线，但是却无法超过前期高价位，这说明此时的趋势应该为横盘震荡。

到了10月底，价格再次向下跌破前进线，说明此时开始了一段新下跌趋势。在12月，价格在向上突破前进线后，又在随后的几天中超越了前期高价位，因此，我们判断此时上涨趋势再次确立。请注意在年末最后一个交易日，上涨趋势启动之前，行情下落却没有跌破前进线。从这方面看来，前进线为下跌提供了有效制动。

从前进线投影的实效性来看，我们注意到从前进线和股价的位置关系上看，3月的峰值后很可能出现一次回调。可是这次下跌并没有如期发生，前进线下方的回调幅度也很小，但是，接下来一次价格突破前进线上方并不顺利。随后价格大幅跌落前进线下方，表明前期的大盘回调即将发生。

在使用前进线交易的过程中，我们会发现价格经常突破前进线后1天便再次回转。我们解决这种假突破的方法是在交叉日后第二天根据突破前进线的方向，按照交叉日的最高价或最低价设置修正因子或过滤器。如果股价和修正因子都被突破了，那么这次突破就很可能是一个有效突破，也就是趋势发生了反转。这种方法会防止你在反转条件成熟前的 4 月提前卖出股票，直到 5 月上旬的最终突破以更高的价格卖出。它也会防止你在 6 月过早地于第一次突破就买入股票，而是随后在 6 月底更好机会出现时发出真正的买入信号。根据你所设置的修正因子，你也能成功避免掉 10 月的第一次交叉信号。

尽管单独使用前进线很难盈利，但是很显然，它在确认趋势方向上具备一定价值。然而作为检验趋势的工具来说，它的效果非常好。通常来说，当股价高于前进线时，趋势的方向为上涨方向。反之当股价低于前进线时，趋势的方向为下跌方向。由于信号会出现延迟，它们通常不会独立使用，而是与其他信号结合使用以确认。

当我把前进线和 DMI、ADX 结合使用时，我很清楚如何对信号作出相应的反应。比如当分析师们很少用作信号的 ADX 处于波谷时，再结合价格与前进线的位置，我们便很容易确定趋势方向的延续性。如果股票价格在前进线上方，同时 ADX 也转向上涨，那么股票价格很可能会加速上扬。反之，如果股票价格在前进线下方，同时 ADX 也转向上涨，那么我们便找到了做空的好位置。

移动平均线略低于它的时间跨度的周期，但是原始数据中包含着全部周期。因此，如果我们把原始数据中的移动平均部分减掉，我们会得出一条关于每日震荡的水平线。在图 7—7 中就显示了每日数据与 25 日中心化移动平均线的比率。

勾画移动平均线时必须要中心化，否则比率难以代表着某些交易日的真实数据，并对结果造成偏差。该图展示了全部小于等于 25 天的周期。我在图中波谷出标记了垂直线，以便于显示 SPY 价格的周期长度。相邻两个波谷之间的距离是 25 天，有时会存在着几天误差。这个结论证明了 SPY 有着每 25 天形成波谷的趋势。根据这个结论，我们可以使用 25 天周期为我们的技术指标如 ADX 和 DMI 建立前进线。这对于解释周期有着很大的价值。

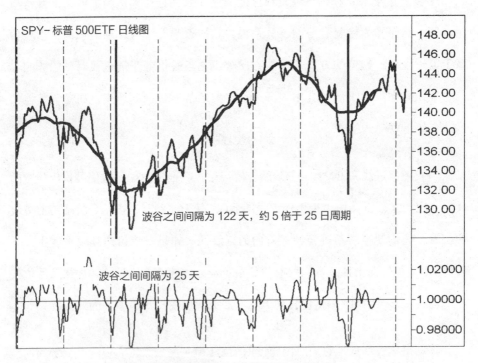

图 7—7　股票现价与中心化移动平均线的比率

另一种试错的办法也是使用一条移动平均线，并把对应半周期长度的前进线置于股票当前价格的前方。通过调整移动平均线的长度知道前进线刚好与历史价格的最高价和最低价吻合，我便得到了应该使用的移动平均线周期长度以及其他相关指标。比如说，我们依然使用同一个 SPY 图，通过把移动平均线的周期长度从 25 日调整至 29 日，在图 7—8 中我们看到了合理的变化，假信号出现的频率大大降低。此时前进线应置于移动平均线前方 15 天。为了便于计算，我总是对移动平均线使用奇数，这样它们的中点总是整数。因此如果我使用 25 日移动平均线，那么中点便是 13。如果使用 29 日移动平均线，那么中点便是 15。前进线的计算公式如下：

前进线置于前方的距离 = 移动平均线周期长度 /2 + 0.5

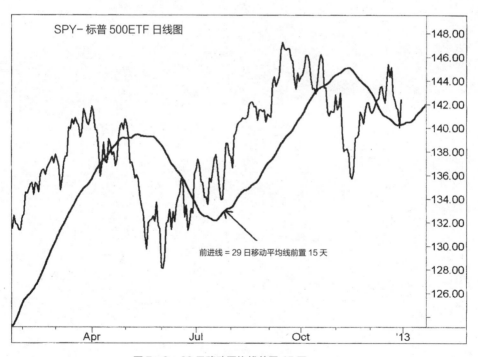

图 7—8　29 日移动平均线前置 15 天

　　当价格出现趋势时，我们需要能够对一些重要事项进行量化。首先，需要量化的是趋势本身，前进线提供了一种可靠的方法。其次，所有的技术指标都需要计算周期长度。这个长度可以为任意数值，或者取与交易周期强相关的数值。周期分析可以得到这类信息。最后，尽管对周期交易而言，还存在着很多复杂奥妙的方法，我还是最喜欢赫斯特和提尔曼的方法。我倾向于把周期只当作常识使用，因为我在周期分析中的确会用到它，但是又对它的精确度持怀疑态度。

KIRKPATRICK'S INVESTMENT AND TRADING STRATEGIES

Tools and Techniques for Profitable Trend Following

第 8 章

创建自己的股票交易模型
及优化实验

　　我在第 6 章和第 7 章中分别介绍的交易指标和方法从现在开始要结合到交易模型中了。我个人喜欢用带有自己所使用的全部指标的走势图，但是初学者们在初期最好从使用指标清单找到自己所寻找的指标开始。交易员应该根据指标的构成，尤其是关于趋势的方向，以及显示入场和离场时间的细微特征做出交易决策。

　　我会同一时间密切关注 20 只股票。一般来说，我会通过流动性和波动率选股，使用成交金额衡量流动性，并使用 ATR 百分率衡量波动性。关于 ATR 的计算方法可以参见第 6 章。我希望看到在过去 50 个交易日中日均成交金额达到 1 000 万美元以上，并且 ATR 在成交量的推动下达到全部股票里的最高之一。我很可能不知道某只股票所对应的公司到底从事什么业务，也不想长期持有其股票并陪伴它一起成长。我甚至也不在意股票的趋势，无论趋势朝着哪个方向发展，我都可以交易。唯一的问题是，股票很可能因一段时期的下跌趋势而导致无法融券卖空。

在对这类股票进行操作之前，我要与我的经纪公司进行确认以防无法做空。我不喜欢有巨大缺口的股票，因为这意味着有大型机构对该股进行隔夜操作。我不是很在意股票的价格，除非它是低于 5 美元难以做空的股票。

技术指标对周期长度的要求

随机指标（stochastic）、RSI、MACD 以及其他很多技术指标都在计算中对周期长度有所要求。只有当技术指标的周期长度能够反映出交易周期时，它们才会有使用价值。大多数指标与标的股票的交易周期直接相关。如果股票的周期为 23 天，那么指标的周期长度也应为 23 天，或者取半数 13 天。通常半周期长度的使用效果更好，因为它们的敏感度要比长周期长度更高。使用前进线时，前进线即为全周期长度或半周期长度的移动平均线，并置于股票现价的前方半个周期处。

> 随机指标 RSI、MACD 以及其他很多技术指标都在计算中对周期长度有所要求。只有当技术指标的周期长度能够反映出交易周期时，它们才会有使用价值。

无论移动平均线是如何计算的，我们在映射中都使用半个周期长度。事实上前进线是由交易周期决定的，而不是由移动平均线的周期决定的。

确定周期长度

赫斯特从理论上概述了股票市场数据中的周期长度。在日线图中，可以使用 10 日、20 日、40 日和 80 日等周期长度。我们以这里为原点出发才步入了后来现实中周期长度的研究。首先，我们可以计算出 10 日中心化移动平均线，随后再用股票现价除以这条中心化移动平均线上的价格。通过观察结果，你会发现数据中存在着周期。等距离的尖锐波谷会连续出现。如果从绘图中看不到周期性的等距波谷，那说明周期很可能不在 10 日周期长度的范围内。再用 20 日移动平均线做一次同样的计算，观察绘图中能否直观地看到周期。如果你能从中发现周期，那么波谷之间的距离就是周期长度，我们便以此数据为未来计算所用。如果我们在波谷中无法找到明显周期，那么我们继续扩大周期长度，再做同样的计算，直到你找到周期为止。这个周期长度或半周期长度就是你为技术指标所设置的周期长度数值。如果你在价格数据中没找到任何周期，也许你应该放弃交易该证券，因为它的表现太无常所以不适合交易。例如，在图 8—1 中显示了通过使用 10 日中心化移动平均线（赫斯特名义周期）的比率确定出了 SPY26 小时周期的图。

图 8—1　2012 年 12 月 4 日至 2012 年 12 月 31 日标普 500ETF SPY 26 小时周期示意图

当你找到周期长度后，你便可以把这些周期长度使用在你的指标中。通常我对移动平均线、前进线、DMI 和 ADX 使用半周期长度，但是如果你愿意使用其他指标，现在你也已经掌握了相应算式来决定自己的周期长度。

确定阻力位和支撑位的三线反转法

有一个在前文中我没作详细介绍却对交易系统非常重要的指标，那就是三线反转（three-bar reversal，详见图 8—2 的案例）。在经典技术分析理论中，支撑和阻力的概念很重要。这些是证券价格趋势停止和方向反转的重要价格区域。从理论上讲，趋势反转是由买卖双方力量平衡变化所致。

> 在经典技术分析理论中，支撑和阻力的概念很重要。这些是证券价格趋势停止和方向反转的重要价格区域。从理论上讲，趋势反转是由买卖双方力量平衡变化所致。

例如，在价格上涨的过程中，买家控制了场上的局面，他们比卖家表现得更强势，因此，股价不断攀升。当股价停止上涨并反转时，这说明卖家开始变得强势并控制了局面。当趋势反转时，说明该价位处必然发生过一些事情。所以在未来股价再次上涨到这个价位时，该价位会形成一定的阻力。因为我们推测该价位会再次出现大量的卖家，我们称这个价位为"阻力位"。反之，终止下跌趋势并将趋势反转为涨的价位则称为"支撑位"。表面上看，支撑位和阻力位可以很容易得到确认。但是在某些情况下，这些价位表现得并不清晰，因此，我们去要用一个简单的算式来计算它们。我个人会使用三线反转来确定这种价位。

例如，在下跌趋势的价格图中，某根价格柱状线的最低价低于它前后各三根柱状线的话，那么这里便是三线反转的波谷。三线反转中的"三"代表着该价格柱状线相邻两边与之对比的柱状线的数量。反转线并不局限于三根柱状线，比如你就可以使用五线反转或一线反转。这个数字决定了此形态的频率和重要性。如果该数字很大，那么此形态发生的频率便会降低，但是它的重要性要高于较低数字所对应的反转。

同理，如果数字取值很低，那么该形态发生的频率便会较高，但它所代表的重要性却大大降低。我使用三线反转是因为我发现它是经过折中以后最实用的。三线反转的最低价位的重要性已经证明了买方在7根价格柱状线内抵住了卖方的压力，因此，这是一个重要的波谷价位，也就是所谓的支撑价。我们知道了过去买家曾在这个价位涌入市场，消化掉了卖家的委托单，并具备足够的实力把价格趋势反转向上。在未来的交易中，我们期望买家会再次于这个价位处入场。

请注意图8—2中每一个三线反转峰值的相邻两边都至少有三根价格柱状线的最高价低于该价位。每一个三线反转波谷的相邻两边都至少有三根价格柱状线的最低价高于该价位。相邻两边只有两根价格柱状线的峰值和波谷则达不到我们的要求。

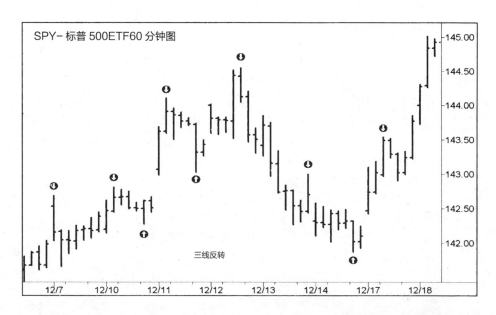

图 8—2 2012 年 12 月 6 日至 2012 年 12 月 18 日标普 500 ETF SPY 三线反转图

然而如果随后股价继续下跌，买家不再于这个价位涌入，那么价格会跌破三线反转的底价，我们预期价格会继续下跌，直到更低价位处出现新的支撑位为止。这个过程叫做跌破支撑位，突破意味着股票的供求关系出现了变化，这是一个重要信号。我喜欢看到此时其他指标信号也同时认可突破的方向。

顺序分析

我所使用的走势图中包括前进线、三点反转以及在走势图下方同时画出 ADX 和 DMI。图 8—3 展示了我的交易屏幕中走势图的构成。我通过这个图就可以决定是否应该买入、做空或平仓。

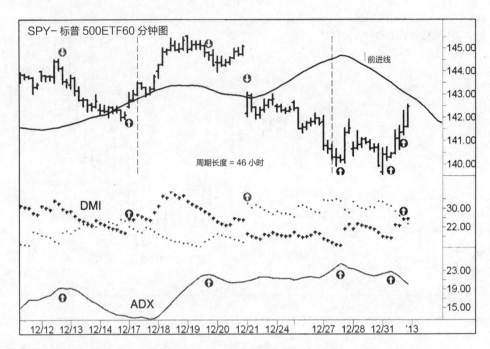

图 8—3　技术指标在股票走势图中的展示

　　如果我手中握有仓位，无论是多还是空，我首先要观察的指标是 ADX。ADX 会直接告诉我何时应该平掉该仓位。虽然它在趋势判断上可能不是完美的指标，但是它的准确度非常值得我对它产生高度关注。我发现自己如果不在 ADX 达到峰值时平仓，那么我在该交易中很难不亏钱。这足以成为我遵从 ADX 峰值信号的理由。

　　如果我手中握有仓位，而 ADX 形成了波谷，我会对仓位加仓，因为 ADX 波谷信号告诉我现存趋势正在加速，它同时也能告诉我自己此时已经拥有了一个值得信赖的平仓信号。如果 ADX 接下来上涨，那么 ADX 一定会在某处再形成一个峰值，指示我该趋势行情已经结束。因此，见到 ADX 的波谷是一件让人愉悦的事，因为我不仅可以通过加仓赚钱，而且还保证了我在趋势接近尾声时拥有了更可靠的平仓信号。

如果我手中没有该股的仓位，我还是会首先观察 ADX 近期是否形成了一个峰值。尽管 ADX 峰值本身就是一个指示趋势尾部的可靠信号，但是它并不是指示新趋势的可靠信号。在入场开启新仓位之前，我还需要其他佐证来作为参考依据。然而，ADX 峰值出现在股票上涨过程中是第一个暗示股票表现可能出现反转的大概率信号（少数情况下，原趋势会继续）。从此时开始，我便开始寻找股票未来走势的佐证。

价格走势与前进线交叉、DMI 交叉以及三线反转等指标都可以作为指示新趋势发起的信号。通常在三线反转的情况下，你会看到另外两种交叉也在同时发生。此时便是一个入场建立仓位的好时机。由于大多数指标都表明该交易的盈利可能大，那么你所承担的风险就相对小很多。在这种证据充足的情况下，如果股票随后发生了不寻常的价格反转，这就是异常现象的信号。此时，我想先平仓换回现金，再等待其他佐证的出现。

对于建仓而言，我需要多少个信号支撑才能做出决定？通常至少两个信号，而其中之一必须为价格变动本身。虽然 DMI 和 ADX 都是与价格相关的指标，但是它们都是价格变化的衍生产物，而不是价格本身。然而三线反转或者前进线突破都是与价格本身直接相关的指标。它们可以与其他更多技术指标结合使用以做出入场决策。

虽然 DMI 和 ADX 都是与价格相关的指标，但是它们都是价格变化的衍生产物，而不是价格本身。然而三线反转或者前进线突破都是与价格本身直接相关的指标。它们可以与其他更多技术指标结合使用以做出入场决策。

有时我会在证据还不充分的情况下用轻仓试水，如当三线反转被突破的同时伴随着 ADX 峰值时。这种信号会在前进线还尚未被突破或 DMI 交叉之前就发生，因此，我不会重仓进场。如果随后股价突破前进线，或 DMI 出现交叉，我便会加仓入场。

DMI 和前进线有时会发生我称之为"平衡态"（equilibrium）的现象。这种现象出现在买家和卖家的力量较为均衡，DMI 可能在交叉后通往任何方向的时候。股票价格有时也会非常接近前进线，与之交叉后通往两个方向都有着很高的可能。这种平衡态通常由股票低波动率引起。当股票开启上涨趋势后，低波动率总是会变成高波动率。但是在平衡态阶段，我们无法判断股票是否能发起一波新趋势。为了在新趋势中增加自己的交易优势，我会等待 DMI 或者前进线的交叉信号帮助我确认。我会在发出信号的价格柱状线附近设置双向入场委托单。

大多数时间内，新趋势会按照信号发出的方向发展；但是为了保险起见，我还是按照某一小部分价格比例作为修正因子，在该价格柱状线高价上方或低价下方设置了止损单。一旦发生了有效突破，那么委托单便会被激发，并自动带有反方向的保护止损以防入场错误。如果信号是假信号，那么趋势仍将按照原方向发展，我们会在该方向上再次入场，并自动带有反方向的保护止损以防二次反转。如果 DMI 和前进线的交叉同时发生，我会满仓入场，因为这已经通过了双重信号的要求。在只有一个信号发生的情况下，我可能会以轻仓入场。一旦价格动态符合预期，那么我可以再次加仓。

另一个要考虑的因素是价格周期本身。如果周期长度分析成功的话，我可以估计出下一次周期波谷出现的大概时间。例如，如果我手中持有的是某只股票的做多仓位，在价格出现一定回调的同时，时间也与波谷相近。如果我知道这个价格波谷还能一直保持在前进线附近上方，那么我就可以在接近前进线的位置以最低风险入场。

如何设定止损

近期股票市场中出现的短时间内急跌，使得传统的保护止损（protective stop）和移动止损（trailing stop）面临着巨大风险。突然发生的急速下跌（看起来很像真正的下跌）会让止损委托单在行情成熟之前就生效。我也使用止损单，但是会对之加以小心，并只使用经过稳定性测试的止损单。我使用百分率止损，并将该百分率与随后的股票动态结合起来。例如，在我假设风险为 2% 时，我买入一个仓位后会把止损放在股价下方 2% 处。如果股票上涨，我会根据股票所达到的最高价格按照 2% 止损而调整位置。因此，我的保护止损事实上也随着股价的上涨变成了移动止损。此外，如果保护止损和移动止损百分率结合的效果不好，我也会对移动止损作出调整。

当我看见一个交易机会时，我通常使用自设停损挂单（entry stop order）的方法。交易机会最后变成错误信号的事情时有发生。为了降低该风险，我会把自设停损单放在略高于当天最高价或略低于当天最低价的位置（如果我在交易更短的时间框架的话，也可以放在小时价格柱状线的上方或下方）。比如，如果信号表明行情上涨。在判断出价格柱状线最高值后，我会为第二个交易日加入一个经过前期测试的修正因子以激发买入委托单届时生效。比如该价格柱状线的最高值为23.5美元，我的修正因子为0.5，那么我会为接下来的交易日在24美元处设置一个自动买入单。一旦股价高于24美元，那

当我看见一个交易机会时，我通常使用自设停损挂单（entry stop order）的方法。交易机会最后变成错误信号的事情时有发生。为了降低该风险，我会把自设停损单放在略高于当天最高价或略低于当天最低价的位置（如果我在交易更短的时间框架的话，也可以放在小时价格柱状线的上方或下方）。

么我就会自动买入该股。如果买入信号是错误的，那么股价没达到24美元我便不会买入，也不会因此而被迫割肉离场。

由于有时股票的动能要花上一两个交易日才能追得上信号的步伐，我通常会一直保持自己的买入停损单的灵活性，直到信号被确认是错误的。另一方面，当我收到平仓信号后，我会马上平仓。我没有任何必要继续持有危险仓位，哪怕是很短的时间，因为时间可能毁掉交易。我可以寻找其他机会再建立一个低风险的仓位，如果找不到也不要紧，手握现金就是最好的选择。那些在看到平仓信号却不马上付出行动的人，业内称之为"凭自己的期望交易"（trading on hope）。他们希望指标会变回到先前有利于自己仓位的情形，可惜这种事发生的概率很低。

选股系统的优化实验

尽管我也会通过观察走势图以及相关指标做交易决定，但本书依然使用小

时数据运行了几次前行优化以证明这种方法完全可以通过程序化交易系统体现出来。为了阐述第 6 章和第 7 章中技术指标相结合的价值，我对 SSO（二倍杠杆做多标普指数 ETF）600 个交易日的 60 分钟交易数据运行了前行优化和分析，数据取自 2012 年 9 月 13 日至 2012 年 12 月 31 日期间的数据。我使用的是 60 分钟数据，但是你也可以调整为其他时间框架的数据。在此声明，这些优化只用于本书测试，如果你也想在将来使用类似方法交易，你必须要更新数据。还需要注意的是，我所使用的交易模型中的参数也与前文周期分析中的参数存在着不同。我们在前文中假设了股票存在周期。对于优化来说，它不需要任何理论，而只关注能在样本外数据中制造出具备稳定性结果的参数。这种方法的迷人之处就在于它不需要理论假设，而只需要把技术指标应用在程序中即可。

我在优化中所使用的指标是 ADX 峰值、ADX 波谷和前进线。当以上任何指标发出信号后，一旦价格突破了三线反转，系统便会发出入场信号并执行交易，这便是入场交易策略。离场策略是使用同一个百分率的保护止损和移动止损。我在此处之所以用实验进行论证，是想说明 ADX 峰值和波谷以及前进线的结合在交易中具备预测价值。虽然我在实验中使用的是 60 分钟数据，但是任何周期长度都是同样的原理。我建议你不要在自己的优化里使用本章中的变量，因为当你读到这里时它们很可能已经过时了。然而我相信实验中简单的入场策略和离场策略都已经清楚地展示了这些原理是如何工作的。

表 8—1 展示了 SSO 600 个交易日 60 分钟交易数据在不同交易标准下的前行优化结果。你会发现个股实际周期与经典周期分析的周期存在着一定的出入，而

大盘周期与预期周期相近。出现这种情况的原因并不是经典周期分析错了，而是优化通过发掘技术指标的理想周期长度而提高了精确度。经典周期分析在交易时依然适用，只不过应该在通过肉眼识图做出交易决策时使用它。股票本身的历史表现证明了适用于这种交易方式后，优化过的参数结果应用于对精确度要求更高的软件计算中，以增加交易优势。ADX 和前进线并不适用于所有股票，我们不能默认该交易方法对你一定奏效。只有对结果进行过测试后才能确定它们什么时候可以用于你所感兴趣的市场中。

表 8—1　SSO600 个交易日 60 分钟交易数据在不同交易标准下 的前行优化结果

	ADX 峰值	ADX 波谷	前进线	要求
独立优化运行的次数	15	10	20	
数据中为样本外数据测试所保留的比例	10%	15%	10%	
以小时为单位前进线周期长度		14	12	
以小时为单位 ADX 周期长度	6	78		
反转形态中价格柱状线数量	3	2	3	
ADX 发出反转信号的数值	0	5		
为了发出入场信号，价格必须超出三线反转的数值	0	1		
入场做多后，在股价下方设置保护止损的百分比	3	13	3.5	
入场做空后，在股价上方设置保护止损的百分比	2	6	1.5	
多头仓位移动止损距离最高价格所设置的百分率	10	13	9	
空头仓位移动止损距离最低价格所设置的百分率	7	6	4.5	
初始资金	10 000 美元	10 000 美元	10 000 美元	
样本外数据年化净利润	3 475 美元	5 593 美元	7 256 美元	

续前表

	ADX 峰值	ADX 波谷	前进线	要求
样本外数据优化中盈利运行次数百分率	73.3%	90.0%	90.0%	>50%
样本外数据年化收益与样本内数据年化收益之间的比值	67.7%	54.9%	86.9%	>50%
研究中从第一笔交易开始算起所总共占用的交易日数量	796	798	798	
研究中发生的总交易次数	73	58	149	
每 1 美元对应的盈利或亏损	2.72 美元	2.23 美元	2.02 美元	
最大回撤百分率	1.31%	1.55%	1.42%	<20%
全部交易中，盈利交易次数据所占的比例	46.6%	60.3%	51.0%	>50%
每笔交易的盈利数额	126.73 美元	208.04 美元	86.54 美元	
盈利因子	2.37	3.39	2.11	>1.5
纯盈利与亏损的比值	42.42%	55.19%	58.97%	>20%
复合年化增长百分率与最大回撤百分率的比值	32.38	35.61	41.53	>1.0
纯盈利与亏损的比值 X 每 1 美元对应的盈利或亏损 X 盈利交易次数所占据的比例	3.00	4.56	2.17	>2.0

注：数据取自 2010 年 9 月 13 日至 2012 年 12 月 31 日的数据。

图 8—4 显示了 SSO 的 ADX 峰值信号所制造出的资金曲线。表 8—1 显示了前行优化和分析的相关统计数据。该系统的交易频率并不高，但是依然制造了 43.6% 的复合年化收益率。该系统会在 ADX 峰值出现以及股价突破三线反转发出信号后作出记录。向上突破意味着买入，向下突破意味着卖出。测试显示安置在实际突破价上方的修正因子的作用其实不大。当系统发出反转信号，或股价达到止损线（保护止损或移动止损）时平仓。最大回撤率很低，仅为 1.31%，因此 MAR 比率也很高。我们在此默认每股交易佣金 0.005 美元，并有 0.10 美元的滑移价差。

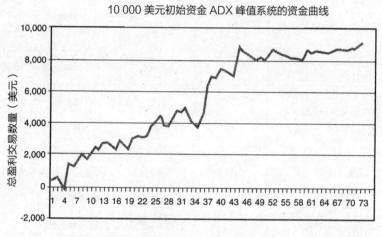

10 000 美元初始资金 ADX 峰值系统的资金曲线

图 8—4 2010 年 9 月 13 日至 2012 年 12 月 31 日 SSO 600 个交易日
60 分钟数据 ADX 峰值信号的资金曲线

图 8—5 显示了 ADX 波谷策略的前行优化和分析的资金曲线。它也证明了 ADX 波谷交易与 ADX 峰值信号同样可靠。它的交易策略与 ADX 峰值一样，只在前进线经过确认后才发出最终入场信号。也只有在价格高于前进线时才买入，价格低于前进线时才卖出。理论仓位会在反转信号发出或股价触及止损线时被平掉。该系统的复合年化收益率为 60.3%，优于 ADX 峰值系统的数值，而且交易数量与图 8—1 中其他优化方法相仿。通过结合 ADX 峰值和波谷，交易员可以获得更好的收益，因为这两种信号是相互独立的，不可能同时发生或互相违背。通过结合这二者使用，我们从理论上可以取得更好的复合年化收益率。

图 8—6 展示了前进线简单交叉交易系统的资金曲线。当价格向上突破前进线时发出买入信号，当价格向下突破前进线时发出卖出信号。当价格同时突破

三线反转时执行交易。这个系统的结果甚至要比 ADX 系统还要好，它达到了 59.0% 的复合年化收益率。

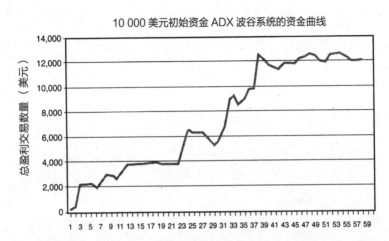

图 8—5　2010 年 9 月 13 日至 2012 年 12 月 31 日 SSO 600 个交易日 60 分钟数 ADX 波谷信号的资金曲线

图 8—6　2010 年 9 月 13 日至 2012 年 12 月 31 日 SSO 600 个交易日 60 分钟数据前进线交叉系统的资金曲线

　　我希望到现在，你已经完全相信了 ADX 峰值和波谷以及前进线交易系统经过与三线反转结合，可以在不考虑价位的情况具备高盈利能力。我们可以把它们之间的不同结合与灵活运用作为起点，开发出更先进、复杂的稳定交易系统。从第 6 章至第 8 章的研究的价值有限，但是它可以为许多成功交易系统提供基础。

　　本章我介绍了如何把我们从第 6 章至第 8 章中所得出的交易方法运用到前行优化和分析中，并展示了该系统潜在的盈利能力。每个指标都经过了实盘操作验证，并取得了乐观的结果。所验证的个股应用这种方法也取得了类似的交易成绩，并在此推荐你也可以使用这套交易策略。它在不同的时间框架下都可以使用（从周数据到 60 分钟数据），而且似乎周期长度越短，效果越好。它甚至适用于任何其他可交易产品，包括商品、基金以及其他衍生品。我在第 4 章中介绍过，相对强弱、选股以及这套系统的迷人之处在于，它可以在不使用昂贵的计算机程序而只使用免费图表的情况下进行操作。选股系统可以使用比率对买卖进行决策，并且多年以来该选股系统一直适用。第 6 章至第 8 章中所介绍的读图交易方法具有广泛适用性，但是它还可以再通过统计研究以提高自身的效率。它们适用于任何有时间、精力并在追逐投资目标的人。你完全可以对这些系统抱有信心，如果能被合理并小心的地使用，它们便会在未来为你创造利润。

译者后记

我拜读的第一部查尔斯的作品是美国高校唯一指定的技术分析教材《经典技术分析》（*Technical Analysis*）。后来随着对查尔斯交易世界的不断深入，我深深地为他全面、系统的技术分析知识所折服。

很荣幸，一次在波士顿的聚餐中我亲眼见到了查尔斯本人，并和查尔斯夫妇在接下来的时光中结下了深厚的友谊。当我在纽约进行量化研究遇到瓶颈时，有幸受邀去拜访查尔斯并得到了他的亲自指点。他的传授使我在量化建模技术上迈过了最艰难的门槛，他的完备、健全的建模体系将使我终身受益。在此，我要对这位毕生的恩师致以最崇高的敬意。

在本书翻译期间，由于工作原因我一直身处纽约。在这将近一年多的时间里，我的妻子奇昕一直在新加坡的家中为我提供无私的支持。我由衷地对她表示最深切的谢意。

其次我要感谢我的父母，他们帮助我从小养成了一个遇到好书要反复精读并落笔的习惯。这使我在沉浸于阅读的喜悦的同时，也可以有效地从中汲取成长的养分。

最后我还要感谢我的公司合伙人阳奕。阳奕把作者查尔斯传授给我们的知识通过技术手段有效地应用在了国内市场的实践中。我们创建的私募投资公司乃阳资本已经和 Kirkpatrick & Co 成了良好的合作伙伴，我相信乃阳资本会在未来的成长道路中深受其益。

刘乃达

北京阅想时代文化发展有限责任公司为中国人民大学出版社有限公司下属的商业新知事业部，致力于经管类优秀出版物（外版书为主）的策划及出版，主要涉及经济管理、金融、投资理财、心理学、成功励志、生活等出版领域，下设"阅想·商业"、"阅想·财富"、"阅想·新知"、"阅想·心理"以及"阅想·生活"等多条产品线。致力于为国内商业人士提供涵盖最先进、最前沿的管理理念和思想的专业类图书和趋势类图书，同时也为满足商业人士的内心诉求，打造一系列提倡心理和生活健康的心理学图书和生活管理类图书。

阅想·财富

《幸福资本论：为什么梵高受穷，毕加索却很富有》

- 幸福资本 = 正确的金钱观 + 个人信用的货币化。
- 这不是一本教你如何成为富人的书，却能帮你揭穿金钱的真相。
- 学会创造价值换取财富，提升幸福指数。

《蓄势待发：股票交易实战录》

- 华尔街最顶级的交易训练营教练扛鼎之作。
- 著名股票博客博主徐小明和"百年一人"撰文倾情推荐。
- 真实再现华尔街最牛操盘手的交易场景，帮你理解交易真谛，让你在大牛市来临前做好准备。

《金融的狼性：惊世骗局大揭底》

- 投资者的防骗入门书，涵盖金融史上最惊世骇俗的诈骗大案，专业术语清晰易懂，阅读门槛低。
- 独特视角诠释投资界风云人物。

阅想·商业

《互联网领导思维：成为未来引领者的五大法则》

- 从互联网时代的参与者到引领者、成为移动互联时代的最大赢家。
- 最受欢迎的社会化媒体大师埃里克·奎尔曼的最新力作。

《游戏化革命：未来商业模式的驱动力》

（"互联网与商业模式"系列）

- 第一本植入游戏化理念、实现 APP 互动的游戏化商业图书。
- 游戏化与商业大融合、游戏化驱动未来商业革命权威之作。
- 作者被公认为"游戏界的天才"，在业界具有很高的知名度。
- 亚马逊五星级图书。

《忠诚度革命：用大数据、游戏化重构企业黏性》

（"互联网与商业模式"系列）

- 《纽约时报》《华尔街日报》打造移动互联时代忠诚度模式的第一畅销书。
- 亚马逊商业类图书 TOP100。
- 游戏化机制之父重磅之作。
- 移动互联时代，颠覆企业、员工、客户和合作伙伴关系处理的游戏规则。

《互联网新思维：未来十年的企业变形计》

（"互联网与商业模式"系列）

- 《纽约时报》、亚马逊社交媒体类 No.1 畅销书作者最新力作。
- 汉拓科技创始人、国内 Social CRM 创导者叶开鼎力推荐。
- 下一个十年，企业实现互联网时代成功转型的八大法则以及赢得人心的三大变形计。
- 亚马逊五星图书，好评如潮

图书在版编目（CIP）数据

柯氏股票投资心经：盈利趋势跟踪技巧与工具／（美）柯克帕特里克著；
刘乃达译 .—北京：中国人民大学出版社，2015.4
　　ISBN 978-7-300-21177-0

　Ⅰ.①柯 ... Ⅱ.①柯 ... ②刘 ...Ⅲ.①股票投资 Ⅳ.① F830.91

中国版本图书馆 CIP 数据核字（2015）第 082748 号

柯氏股票投资心经：盈利趋势跟踪技巧与工具

[美]　小查尔斯·D·柯克帕特里克　　著

刘乃达　译

Keshi Gupiao Touzi Xinjing：Yingli Qushi Genzong Jiqiao Yu Gongju

出版发行	中国人民大学出版社		
社　址	北京中关村大街 31 号	邮政编码	100080
电　话	010-62511242（总编室）	010-62511770（质管部）	
	010-82501766（邮购部）	010-62514148（门市部）	
	010-62515195（发行公司）	010-62515275（盗版举报）	
网　址	http://www.crup.com.cn		
	http://www.ttrnet.com（人大教研网）		
经　销	新华书店		
印　刷	北京中印联印务有限公司		
规　格	170 mm×230 mm　16 开本	版　次	2015 年 5 月第 1 版
印　张	10.5 插页 1	印　次	2015 年 8 月第 2 次印刷
字　数	120 000	定　价	39.00 元